# 本願寺白熱教室

## お坊さんは社会で何をするのか？

小林正弥 監修
藤丸智雄 編

法藏館

本願寺白熱教室

# 目次

「公共性」という、一人ひとりのかけがえのない存在に応答していこうとする原理から、**対話の場**を開き宗教について考えてみました。

人々に伝わる言葉で価値を**伝える**ことができているのだろうか

わかり合えない他者の声を**聴く**ことができているのだろうか

社会に向けて、他者の声を**届ける**ことができているのだろうか

宗教こそが他者を**排除**しているのではないだろうか

**他者と共に**活動できる公共性は宗教的に可能なのか

情報社会の中で**発信**できているのだろうか

お寺とは、他者と**つながる**場なのだろうか

「**公共性**」**の基礎**を学びつつ、これらの課題について考えてみました。

# 本願寺白熱教室

# はじめに 「公共性」と宗教について

この本は、本当は第0章の「本願寺白熱教室」から読んでいただくのが良いのです。そのほうが、予断なく、「公共性」の問題や、宗教と社会との関係の問題に入っていただけると思います。

しかし、本書のテーマである「公共性」は、それほど広く知られている考え方ではないので、食わず嫌いになっていただかないために、少しだけ説明させていただこうと思います（きちんと理解するためには、第八章の小林先生の説明をぜひともご一読ください）。

「公共性」は、政治思想で生まれた考え方です。

そのため、宗教や倫理思想などからは、ほど遠い事柄のように感じられるかもしれません。そうしたテーマを、なぜ本願寺で扱うのか、いぶかしく思われる方もいらっしゃるのでしょう。

しかし、どんな思想でも、それが人間に関する学である限りは、人間の本質についての洞察から離れることはありません。

とくに、「公共性」は、人間の本質的なあり方から、「社会」や「政治」といった問題について考えていこうとするものなので、宗教よりも宗教的と感じられる面さえあります。

「公共性」とは、つねに他者の眼差しがあるということを大切にします。

声を上げれば耳を傾ける者があり、言葉を失っているときには他者が側にいて待ち続け、ときには、代わりに声を上げる代弁者となる。

誰もが動物的な生に閉じ込められることなく、奴隷状態になったり、道具やモノのように扱われたりすることを拒絶します。

すなわち他者によって承認され、肯定された生を生き抜くことができることを、最重要の原理とする社会のあり方を目指します。

すごく簡潔に言うと、意見を述べれば、それが他者によって聞かれるという「公共」が誰に対しても、つねに開かれていること、「私的」な生だけに閉じ込められないということなのです。

この思想は、歴史的には、古代ギリシャ、ちょうど釈尊が登場されたのと同じ頃に始まります。

古代ギリシャで自由・平等の権利をもつ市民の声に基づく社会が作られました。これが「民主主義」の誕生です。この政治形態から、ハンナ・アーレント（一九〇六～一九七五、ドイツ系ユダヤ人哲学者）などの手を経て、思想的に発展していったものが「公共性」です。市民一人ひとりがワイワイガヤガヤ話したり聞いたりできること、ソクラテスが街角で知識人にイチャモンをつけたりできていた時代の雰囲気（これが二五〇〇年前に成立していたことが驚きです！）を母胎にして、人間の存在の本質に触れる政治思想が生まれます。ギリシャ時代は、政治と哲学・宗教は、別々に存在していたわけではありませんから、この思想は、哲学・宗教とも境界線を接しています。

このような「公共性」という思想に託された価値は、排除され、疎外され、抹殺された経験をもつ人々にとっては、決して奪われてはならない大切なものです。ユダヤ人であるアーレントによって、「公共性」という思想の礎が築かれたことは、偶然ではなく必然なのです。

しかし、今も、私たちが作る社会のあちこちで、外側や隅っこが生まれ、「死にたい」、「迷惑をかけてまで長生きしたくない」、「私に、何の価値があるのだろう」という思いが零《こぼ》れ落ち続けています。

そして、僧侶は、その零れ落ちる場所にしばしば居合わせて、宛先を失った言葉を聞いています。

その声をただむなしく響かせてしまっては、僧侶自身が排除し、その人に「公共性」が回復する機会を奪ってしまうことでしょう。

あるいは、ほんの少し前まで、承認し続けてくれていた他者が失われてしまった場所——通夜やお葬式——にも、僧侶は居合わせます。

この喪失の苦しみや悲しみは、とても大きなものです。この悲歎の大きさは、私たちの「生」が他者からの承認を必要としていることの証しでしょう。そのことを肌身で実感しているのが、僧侶です。

そして、こうした声が誰にも届かないことがあることも、僧侶は実感しています。大きく元気な声は社会に響きやすいのですが、弱く悲しい声、負の感情を訴える声は避けられがちです。

だからこそ僧侶は、あらゆる人々を救うという慈悲の教え＝菩薩の願いを背骨にして、隅っこから、微かな声から、あるいは、沈黙や慟哭から、開かれた場所を作り出していく「公共性」の担い手にならなければならないと思うのです。

一人ひとりが共約不可能なかけがえのない存在として処遇されるところから始まる「公共性」。それは、一つとして同じではない命すべてに、仏の救いが向けられていることと、重なり合う可能性があるものと考えています。

しかし、宗教が排除するものとして働くことも現実です。むしろ一般の方には、排除のほうが宗教の一般的イメージではないでしょうか。さらに「戦争」や「紛争」なども宗教と重なり合うイメージではないでしょうか。また、難解な教義の世界を作り、外から入りにくい閉鎖的なイメージを作ってはいないでしょうか。あるいは、宗教が示す善悪という価値が、誰かを生きにくい状況に追い詰めてはいないでしょうか。根本的なところで言えば、そもそも日本の仏教は、外へ向けて発信できているのでしょうか。

だからといって、何でも開かれていれば良いというわけでもなく……お寺は、やはり信者さんのことを大切にし、日々の仏事を大切にしなければならないでしょう。それでは、「公共性」から、どのようなお寺の具体的な像を描くことができるのでしょうか？

こうした課題を具体的な事象から考えてみようというのが、本書の目的です。理念や抽象的な議論ではなく現場から、なるべく具体的に、不都合なことを隠すのではなく、できるだけ事実のままに、宗教と公共性について「こつこつ」考えていきたいと思っています。

最後になりましたが、「公共性」の書籍が誕生するきっかけを与えて下さった公共哲学共働研究所元所長の金泰昌先生、東京大学ＥＭＰの横山禎徳先生、国際日本文化研究センターの磯前順一先生に、心よりお礼を申し上げます。

それでは、僧侶の生声「本願寺白熱教室」から、どうぞ！

藤丸　智雄

CHAPTER 0

# 本願寺白熱教室

## ——11のジレンマ

小林正弥・八橋大輔　監修

多くの僧侶が本願寺に集結し、白熱教室が開催された。本章はその記録である。

**【本章の処方箋】**

次の五項目を実践しながらお読みください。

①つっこむ
②共感する
③怒る
④笑う
⑤呆れる

**〔副作用〕**頭から離れない問いが生まれることがあります。

# 本願寺白熱教室

二〇一三年九月十三日、本願寺聞法会館において「本願寺白熱教室」が開催された。「白熱教室」では、「正義の殺人はあり得るか」といったような「ジレンマ」を設定し、それに基づいて対話が行われる。

「ジレンマ」とは、容易に判断がつかない、どちらにも決めにくい問題のことである。そのため、ジレンマをめぐる対話は、**結論を出すための討論や、勝ち負けを決めるディベートではない。**簡単に結論が出そうにない問題について、頭頂から火花が散るほどに考えつくし、熱っぽく語り合い、**他者のもつ多様な意見と価値観に驚かされ**、ときにユーモアを交えながら粘り強く対話を繰り返すなかで、そこに参加した一人ひとりが、**他者を受け入れ、違いに気づき、新たな自己が生成されていくという経験**である。

このようなジレンマを用いた「白熱教室」の開催は、大袈裟に言えば、本願寺派にとって、**一つの「事件」であった!**

当日、本願寺聞法会館という施設に全国の三十代、四十代の若手・中堅を中心とした僧侶が集まり、禁忌を恐れず、自由に、ジレンマについて大いに議論をしたのだ。一般社会では「そんなこと、当たり前じゃないか」と言われるだろう。若者が新しい発想で自由闊達に議論するなかで未来を創造的に開いていくというのは、当然の姿である。

しかし、伝統教団では五十代でも若手。四十代なんて就学前の児童！　三十代は誕生以前な感じなのだ。また、宗教教団においては、変わることなく伝統を継承していくということが一番大切なことである。そのため、いい意味でも悪い意味でも保守的になりがちで、どうしても難解な四字熟語の世界に籠りがちになったりする。

そんな状況のなかで開かれた「白熱教室」は、浄土真宗本願寺派という七〇〇年以上の歴史をもつ伝統教団において、外部の有識者を中心として、現代的な課題について、**自由に、難しい仏教語を用いず、一般に伝わる言葉で、創造的な発想をもって、**ときにタブーに挑戦しながら対話するという初めてのチャレンジであり、まさにエポックメイキングな出来事だったのだ。

もちろん、初めての試みだから、何もかもうまくいっているわけではない。なかなか、当たり前のことが難しくて、われわれの頭は依然として固いまま。白熱教室の目的である「公共性」は、「外に向かって開く」という意味を含んでいるが、どうしても自分たちの枠の外に出られず、既成概念から離れられないでオタオタしている。

しかし、そんな、殻を破ろうとしているわれわれの姿を、ぜひ、本章から感じてほしい。外に開こうとしている努力を、変わろうとしている僧侶の思いを、文面から感じていただければと思う。

当日は、「ハーバード白熱教室」のマイケル・サンデル氏とも親交の深い小林正弥氏（千葉大学大学院教授）がファシリテーターとして対話の場を作られ、本願寺派の僧侶四十名が「自然災害と宗教」に関わるジレンマをもとに白熱した対話を行った。

二〇一一年に起きた東日本大震災では、現代社会が抱えるいくつもの課題が顕在化したが、この日の「白熱教室」では、「遠く離れたとある地域で災害が起こり、そこへボランティア活動に行く僧侶」という仮の設定のもとで、お寺や僧侶、そして私たちの社会の未来についての対話を行った。本章はその記録である。

本願寺白熱教室の記録を通して、二〇一三年九月十三日の「本願寺のあの場所へ」、まるでそこに参加していたかのように、僧侶たちの冷めやることのない「熱」と「問い」を、お伝えしたいと思っている。

# 本願寺白熱教室

**司会**　今日は、千葉大学大学院教授で、マイケル・サンデル氏の「ハーバード白熱教室」を日本に伝え、小学校、大学、協同組合、ビジネス研修など、実にいろいろな場所で「白熱教室」を実践され、公共哲学を広められている小林正弥先生にお越しいただきました。私たちスタッフは、先生を迎えるにあたり、何度も先生のところにうかがい、どのようなジレンマを設定すべきか検討してきました。今日は、先生がどのようなジレンマを示され、いかなる対話が展開されていくのか、非常に楽しみです。それでは、小林先生、よろしくお願いいいたします。

**小林**（男性・千葉大学大学院教授・白熱教室の中心人物）

ご紹介いただきました小林です。今日はこのような場に招いていただいて、まことにありがとうございます。時間が限られているので、さっそく、一つ目のジレンマへとご招待しましょう！

## ジレンマ1　お寺を離れて、救援活動に行くべきか？

あなたが、お寺の住職であるとします。そして、とある遠い地方で大きな災害が起こりました。あなたは、苦しみのなかにある被災者を支えるために、半年間、被災地に赴いて、救援活動をしたいと思いました。

その決意を門徒に打ち明けたところ、「その期間、儀式・法要が滞ってしまう。被災地の人たちはうちの寺の門徒ではないから、私たち門徒の方を優先してほしい」という反対の声が上がりました。
さて、あなたは行きますか、行きませんか？

**小林**　皆さんの各自の心情や状況のなかでさまざまな答えが出てくるわけですが、今回は皆さんの「行きたい」気持ちを前提として、周囲から反対されたとき、あなたがどうするかをお考えください。

それではお聞きしますが、反対されても「行く」という方？　……少ないですね。では「行かない」という方？　……大多数の方がそうですね。

では、「行かない」という方のご意見をうかがってみましょう。

**西山**（男性・二十代・大学院生・仏教学・博論執筆中）

## ✖個人の救いを大切に、お寺の門徒さんを大切にしたい

被災地が遠いところで縁がない場所ということもありますし、私自身は「**個人の救い**」、または「**自分の寺院のご門徒さん**」という**点を大事にしたい**と思います。遠くで起こったことに関しては、なかなか参加できないし、関与しきれないというのが本音です。

一人の人間の力は有限なので、行けないところが必ずある、できないことが必ずある。自分自身と周囲のことを、優先的に大事に考えたいと思います。

**小林**　「個人の内面的なもの」を大事にするというご意見ですね。また、縁のないところにまで無理に行く必要はない、というご意見でした。

では、逆に「行きたい」という人はいませんか？

**武田**（男性・四十代・住職・元コンサルタント）

## △ 代わりがいなければ、お寺にとどまる

さまざまなメディアを通して現地の情報は入ってきますが、やはり現地に赴かないとわからないこともあると思います。ただし、住職として痛切に日々感じているのは、浄土真宗の寺院は「コミュニティ」の中心にあるということです。**コミュニティと深い関係をもち、その中で重要な役割を果たしていますから、**それをほったらかしにして行くのは難しいと思います。

しかし、代わりになる人がいれば行きます。難しい状況であれば、寺にいて被災地支援できる方法を探ります。

**小林**　今のご意見は、「住職の代わりができる人がいるならば行く」ということだと思います。こういう思いをおもちの方は多いでしょうね。

さて、先ほど「縁がないところに無理に行く必要はない」というご意見がありましたが、この点はいかがでしょうか？　**これは実は「公共性」の主題に関わる問題です。縁のないところに行く、ということに必然性を感じるかどうか。**先ほどは「感じない」という方からの意見がありましたが、「感じる」という方のご意見はいかがでしょうか？

**松井**（男性・三十代・塾経営者・インド通）

## ◎本当に被災地の人々を同朋と思っているのであれば

浄土真宗は「同朋」という言葉を大切にします。この言葉は念仏をよりどころとする人々だけを指す場合もありますが、この課題設定の住職は「遠く離れた被災地の人々」も**仏の平等の慈しみが届いている「同朋」、すなわち仏のはたらきは「十方衆生」に届いていますから「あらゆる人々」が「同朋」**であると真剣に考えています。そうであれば、この住職の「公共性の範囲」は広いと思います。身の回りの社会と同じように、被災地を見ておられるのだから、やはり「行く」ということになるでしょう。

もちろん、コミュニティや門徒の方々には、「同朋というものを自分はこのように受け止めている」ということを説明する必要があると思います。

**小林**　ありがとうございます。非常に重要なご指摘をいただきました。この問題は、「**御同朋の社会を目指す**」**というときに**、「**同朋**」**の範囲をどこまでと設定するか**という重要な課題です。

もちろん、自分のお寺がある「宗教的コミュニティ」を「同朋」として考えることは、皆さんにとって当然です。しかし、**直接縁のなかった人々まで**「**同朋**」**とみなし、アクションを起こすか否かということは、私の言葉で言えば**、「**友愛**」**とか**「**公共性**」、「**共同性**」**の範囲をどうとるか**という事柄になります。

コミュニタリアニズム（二一七頁参照）でも、基本的にはローカルな「同朋」を重視する傾向があります。でも、なかにはもっとナショナルな世界や、インターナショナルな世界全体を範囲とすべきという考え方もあります。この二つの関係は、実は大きなモラルジレンマの一つです。そのことを、皆さんに考えていただきました。もっと議論したいテーマなのですが、まだまだたくさんのジレンマがありますので、先に進みましょう。

## ジレンマ2　宗教活動でなく、ボランティア活動をするか？

あなたはご門徒の反対を押し切って被災地に赴きました。法務を息子さんに預け、

**一応、地域の人々の納得も得られました。そこで被災地に行ってみると、「僧侶は必要ないが、被災した人々を助けるボランティアは欲しい」ということでした。あなたは普通のボランティア活動をしますか？**

**小林**　「普通のボランティアとして活動する」という方はどのくらいおられますか？　やはり大多数はこちらのようですね。逆に、地域の要請に反して、**「僧侶として活動をする」という方、手を挙げてください。**……一名いらっしゃいますね。では、まず少数派の意見を聞いてみましょう。

**北原**（女性・三十代・社会学研究者・統計のプロ）

## 専門とする仕事をするべき

あまり考えずに手を挙げてしまったのですが……。

たとえばお医者さんが被災地に行った場合、お医者さんは足りているからといって、泥かきをするかといえば、そうではないでしょう。やはり**その人の高い専門性が必要とされている場を見つけ出して仕事をする**ことが、人々のためになると思います。

**小林**　非常に重要なご指摘ですね。**専門的職業に従事している人は、それを生かしたボランティア活動をするべきかどうか**というのは重要な論点です。医師や弁護士などと同じように、宗教者も専門的な活動をするべきだというご意見でしたが、反対派のご意見はいかがでしょうか？

**高橋**（男性・五十代・大学教員・情熱家）

## 僧侶は、職業ではない

僧侶は、職業なのでしょうか？　心と心との関わりこそが、宗教活動だと思うんです。だから、宗教者としての活動と、ボランティアとしての活動とを分けられないと思います。

現在も、真宗の僧侶たちが東北でボランティア活動を行っていますが、「ボランティアの教義的根拠をはっきりさせるべきだ」と主張する人たちがいます。しかし、被災地で活動している僧侶たちは、ボランティアであれ何であれ、「信仰」を根っこにもって活動をしているわけです。**私たちの生き方すべてが信仰に基づいているなら**、宗教活動でもボランティアでも、「人のために生きている」わけですから、僧侶のあり方だと思います。

**小林**　ありがとうございます。この問題はジレンマ3に深く関わっていますので、次に移りたいと思います。

## ジレンマ3 袈裟を着てボランティアをするか？

あなたは、被災した人々の要請に応えて、宗教活動ではなく、通常のボランティア活動に専念しました。すると、あなたは人々から信頼される存在になりました。ところが、本山から、「宗教活動をしないなら、せめて袈裟を着用して宗教的精神を明示したほうがよい」という意見が寄せられました。あなたは袈裟を着ますか？

**小林** では、「着る」という方はどのくらいおられますか？……「着ないほうがいい」という方が多数ですね。では、まず、着たほうがよいという方のご意見をお聞かせください。

**松井** やはり、本山から言われたら着るべきではないでしょうか。（会場笑）

### 袈裟を着てみることで、新たな反応が起こる

さて、私は袈裟を「着る」「着ない」よりも、活動の内容自体が重要ではないかと思います。今まで袈裟を着て活動してきて、このあたりで**試しに着てみることはすごくいいこ**

とだと思います。それによって、新たな反応が出てくるかもしれません。何事もやってみないとわからない。やってみることからの学びは重要だと思います。

**小林**　「新たなニーズを開拓できる可能性があるから、袈裟を着てみたほうがいい」というご意見でしたね。逆に「着ないほうがいい」というご意見の方はいらっしゃいますか？

**生駒**（男性・二十代・webデザイナー・長髪《ロンゲ》）

## ✖信頼が得られはじめたばかりだから着ない

現地で活動を始めた当初から袈裟を着用していたのであれば、僧侶の自覚という意味でも、周囲に頼れる僧侶がいるという告知の意味でも、着たほうがいいと思います。しかし、せっかく信頼が得られはじめているこの段階で、突如、袈裟を着ると、これまでの活動が布教目的の下心によるものと受け止められてしまう可能性があると思います。

**小林**　なるほど。信頼が得られはじめたというタイミングでは着ないほうがいい、というご意見でした。他にいかがでしょうか？

**福岡**（男性・三十代・哲学科大学教員・趣味筋トレ）

## △ 慎重に見極めて、着用すべきか否か判断する

まず、被災地が非常に特異な状況下にあることを理解しなければなりません。被災地には心身ともに傷ついた人々が多くいます。そのような状況下で、「僧侶」であることをアピールすると、人々に頼られる場合もあるかもしれませんが、反対に「**やっぱり布教が目的だったのね**」**と心の深いところでダメージを与える場合**もありえます。被災地は通常とは異なる状況があると思うので、きわめて慎重に状況を見極めて、覚悟して着るべきだと考えます。

**小林**　やはり、被災者の気持ちを考えた場合には慎重に考えるべきだ、というご意見ですね。先ほどの、「タイミングを見定めるべきだ」というご意見と同様ですね。

他にどなたかご意見のある方?

**山本**（男性・四十代・仏教学研究者・戒律大好き）

## ✕ 釈尊は、袈裟の力よりも行動を重視された

仏教の「律蔵」という出家者がまもる戒律を記した文献の中に、「比丘《びく》」すなわち宗教者が着用する「袈裟」に関する次のような話があります。

猟師が活動する際に袈裟を着用して僧侶の姿をしていると、動物たちが寄ってくる。なぜなら、動物たちが袈裟を見て安心するからです。これを逆手にとり、猟師たちは袈裟で獲物を引き寄せて動物たちの命を奪います。このような力が袈裟にはあります。しかし、お釈迦さまはそれを否定されます。**袈裟が重要なのではなく、袈裟を着ている人間の「行動」が重要だ**と言われたのです。

ジレンマに戻ると、「信仰をもとに活動をしたところ、多くの人から信頼を得た」わけですから、「袈裟の力」によって信頼を得られたわけではありません。被災地で活動する僧侶の行動が、人々の信頼を集めたのです。そうであれば、袈裟を着用する必要はないと思います。

**小林**　なるほど。先ほどから「プロフェッショナル性や専門性を生かしたボランティア活動、あるいは宗教活動を行うかどうか」ということを議論してきました。今度は「宗教的な精神」によって信頼を得てきたのだから、袈裟の力に頼らない活動を続けたほうがいいというご意見でした。

**岡崎**（男性・四十代・NPO主催・趣味マラソン）

## 袈裟を来て街に出よう

私は袈裟しか持っていません。どこへ行くときでも、いつも袈裟姿です。僧侶の自覚をつねにもつためにも袈裟を着て、いつも活動をしています。

袈裟が特別な意味をもつのではなく、**社会の日常的な風景になっていない**から、こうした問題が出てきます。まずは、私たちが**袈裟を着て街に出る**ところから始めましょう。趣味のマラソンも、ばっちりウェアからキメてます（笑）。

**小林**　本願寺派でも東日本大震災以降、僧侶が被災地に行き、仮設訪問等を通じた心のケアなどを行ってきた、とうかがっております。現地で活動を続ける僧侶によると、実際に、仮設住宅の自治会から、「袈裟を着用しての活動を自粛してほしい」との依頼があったそうです。現在は、袈裟を着て活動することに対して、着ないでほしいという要請はなくなったそうです。では、次のジレンマに移りましょう。

コラム

## 袈裟の威力

街を袈裟で歩くと、袈裟の威力を感じる。通りすがりの方々、ご老人から、少年少女まで、まったく知らない人々が笑顔で挨拶をしてくれる。これは、六十代になって出家した私にとって、大きな驚きだった。しかし、これはオン・ザ・ストリートの出来事。いったん、お寺の門から中に入ると状況がやや変わる。もちろん挨拶してくださる人もいるが、門の外ほどではなくなるのだ。私は、袈裟で喫茶店にも行くし、電車にも乗る。そういう場所も、通りと同じように、見ず知らずの人が、お墓の相談をしてきたりする。寺山修司ではないが、僧侶に「寺を出よ、袈裟をつけて、街へ出よう」と言いたい。（O）

## ジレンマ4　宗派の形式でない葬儀をするか？

あなたは袈裟を着ないで活動していましたが、人々からますます信頼が高まってきました。僧侶であると知られ、葬儀を頼まれました。ただ、亡くなった人々にはさまざまな宗派や宗教の人々がいるので、できれば特定宗派にとらわれない形でしてほしいと頼まれました。あなたは、どうしますか？　浄土真宗の形式でない葬儀をしますか？

**小林**　このジレンマは、たとえば、「浄土真宗では唱えることのない『般若心経』を唱えてほしい」とか、「浄土真宗の本尊である阿弥陀如来以外の仏像をご安置して法事をお願いしたい」という要請を受けた場合どうするか、というものです。あるいは、「別の宗派や、キリスト教、神道の形式でお願いしたい」とか、その他、「宗派色を出さずに葬儀をしてほしい」と依頼された場合にどうするのか、という場合も考えられます。

通常であれば、当然、それぞれの宗教・宗派にお願いをするわけですが、「ここ被災地では他に頼れる人がいない。信頼できるあなたにお願いしたい」と言われた場合にどうするか。いかがでしょうか？

**小嶋**（男性・二十代・国際関係論研究者・飛行機オタク）

### ✖ 他宗派の形式で行うことは失礼

浄土真宗の立場でありながら他宗派の形式で執り行うのは、素人が儀式を行うことになり他宗派の僧侶に対して失礼になる。しかし、真宗の僧侶だからできませんと断って去るのではなく、**『般若心経』を唱えられる専門家とつながりを築いておいて、そうした方々を紹介します。**

**小林**　自分は真宗の僧侶だからできないと突っぱねるのではなく、できる人を紹介するように工夫する、というご意見ですね。その他には？

**倉持**（男性・四十代・大学教員・倫理学の超理論派）

### 〇 親しい人を失った方への対応を最優先する

実際にこの設定上、親しい人を突然失った方に対してどのように応えていくのか、というところを最優先すべきだと思います。**真宗の形式にこだわることに時間を費やすと、目の前の悲しみの現実を受け止めることができないと思います。**他宗派の形式は無理ですが、真宗独自の形式にはこだわらない立場を通したいと思います。

**小林** もともとの設定が、縁なきコミュニティの人たちを「同朋」だと思って行くということでしたので、真宗以外の形式でお願いされても応える、というご意見でした。他には？

**峰岸**（男性・五十代前半・ボーイスカウト指導者）

## 真宗以外の形式で行うのは、信仰に反する

私は真宗の形式で行うという立場です。もちろん、念仏者という意味の「同朋」でなく、あらゆる人々を対象にするという意味での「同朋」の精神で被災地に入っています。その精神は「友愛」「博愛」と言っていいものかもしれません。一方で、専門的な立場に対する自負もあります。それなのに真宗以外の形式で葬儀を行うのは自分の信仰に反し、しかも、**中途半端な儀礼しかできないので、そのような依頼があった場合でも、丁寧に真宗の形式で行うことを理解してもらいます。**

**小林** ありがとうございます。要請に応えて、たとえば『般若心経』を読誦すると自分の信仰に反してしまうので、真宗の形式で行うことをご遺族に理解していただくというご意見でした。

他にいかがでしょう？

**島崎**（女性・三十代・心理学者・ヨーガ講師）

### 通仏教的に対応できる形で

通仏教的に対応できると思います。たとえば、「四弘誓願《しぐぜいがん》」や「三帰依文《さんきえもん》」などは、各宗派、全仏教で共通して行えるものです。**宗教・宗派はそもそも互いに相容れない排他的なものをもっています。しかし、その違いを乗り越える努力が必要なときもあります。**実際に「世界宗教者平和会議」では、宗教者が一堂に会し平和を願う、異なる宗教どうしが一堂に礼拝する形式がとられています。

**小林**　ジレンマの設定は、被災地という特別な環境での葬儀依頼です。つまり、通常のように何宗でやるか、じっくり議論する余裕はありません。ですから、何人かの方がご指摘されたように、真宗の形式でガッチリと行わないということが可能な方式でしょう。完全に他宗の形式で行うという意見がないという意味では、皆さんのご意見は、さほど対立していないと感じました。

## ジレンマ5　宗派色を出さずに、精神的な問題に対応するか?

被災地の人々には、最低限の生活が物質的に確保されたものの、精神的な悩みが増えてきました。鬱病を発症する人、自死する人すら現れています。そこで、僧侶であると知られたあなたに、**「精神的な問題について教えてほしい」**という依頼が来るようになりました。
あなたが浄土真宗の教えを説いたところ、「さまざまな宗派や思想の人がいるので、なるべく宗派色を出さないで話してほしい」という要望が出されました。あなたはどうしますか？　宗派色を出さないで話をしますか？　断りますか？

**小林**　まず、「要望に応えます」という方の意見を聞いてみましょうか。

**秋元**（妻・四十代・教育学者・夫婦で参加）

## 活動のなかで宗教性がにじみ出るから出す必要はない

ジレンマでは、「宗派色を出すことが被災地の方々の負担になってしまう」ことが前提です。この場合、もしも僧侶側の都合で宗派色を全面に押し出せば、苦しみの緩和ができにくくなり、冒頭の「被災地の人々を同朋だと思い、その苦しみを和らげる」という目的と齟齬が生じます。
宗教者である自分は変わらないわけですから、あえて宗派を前面に出して伝える必然性はないと思います。**苦しむ方に寄り添っていくうちに、自然と宗派の教理に基づいた宗教性がにじみ出てくる**のではないでしょうか。結果的に、それは宗教性を前面に出すことと同じではないかと感じました。

**小林**　今発言された方は、これまで、宗教活動ではなくて、ボランティア活動をされてきた方ですね。だから精神的な問題について話をする上でも、やはり当初の目的に基づいて、「浄土真宗の宗派色を出さないでやる」というご意見ですね。これに対して賛成の意見はありますか？

**高橋**

## 教えを伝えるのは最後でいい

私は、教えを伝えるのは最後でいいと思います。それよりも、苦しむ人々がいるのなら、その人たちと共に生きていきたい、苦しみを共有したい、と思います。私を含めて一人ひとりが、**本当に心豊かに生きることができる、そういう社会になってほしい。それが私の願いです。**宗教者として不合格と言われるかもしれませんが、この時点で教えを伝えようという意識はなくていいと思います。

**小林**　これはとても大事な議論ですね。コミュニタリアニズムという考え方は、「目的論的」と説明することもあるほど、目的から考えることを非常に重視しています。そのような考え方をすれば、今回のケースの目的は、「教えを伝える」ことよりも、「人々の苦悩に寄り添う」ですよね。だから、要請に応じるべきではないかという意見になります。

その他には？

**横山**（男性・三十代・チベット仏教研究者・被災地でボランティア）

## 出ちゃいます

私は実際に東日本大震災の被災地で活動を行っていますが、「宗派色を出さないで伝える」という立場です。やはり、「人々の苦しみを和らげる」という目的で行きますので、基本的な役割を大切にして対応します。ただ、**「宗派色を出さないでと言われても、出ちゃいますよ」という言い方で応じますが**（笑）。

**小林**　実際に活動されている方からのご意見でしたが、私もわかるところがあります。講演で「あまり難しい学問的なことは言わないでください」と言われればそれに応えようと思うのですが、それでもつい難しくなってしまうことがあります（笑）。
　さて、これまではどちらかというと、なるべく要請に「応じる」という方々でした。
　反対意見の方は、どうですか？

**秋元**（夫・ギリギリ四十代・野球通・元財団主事・愛妻家）

### 伝わらなくなっているから敬遠される

　最初に妻から「応じるべきだ」という意見が出ましたが（笑）、私自身はちょっと疑問です。「宗派色を出さないでほしい」という要望を受けたからといって、宗派色を出さないやり方で対応するのは、不誠実です。「伝道ではない」という前置きをすれば、ある程度、理解を得られると思います。
　それに、ここには別な問題も隠れていると思います。私たちが「普段、わかりやすく伝えることができていない」という問題です。**そもそも、社会に価値を伝えることができなくなっているから、宗派的なものを出すことが敬遠されている**と自戒すべきです。

**小林**　死を意識している方をほんとうに説得するためには、自分の依って立つところを誠実に説かなければならない、というご意見ですね。

**高橋**　それはおかしいでしょう。私たちは念仏者として被災者に対応するわけでしょ。そのときに、僕は、横山さんが言ったようなことが妥当だと思います。宗派性を出さずとも、**話を聞いてくれる僧侶の生き様に、真宗らしさがおのずと出てくるはずです。**

**小林**　なるほど。この場合は、お坊さんであることを前提に依頼されていますから、「お釈迦さま」「仏教」という言葉を用いるのはいいが、「念仏」「親鸞聖人」までは、あまりアピールしてほしくない、という依頼であると考えて議論を続けてください。

**篠田**（男性・三十代・政治学者・過激）

## 伝えることの限界に気づくことが大切

私は僧侶ですが、あえて政治学者としての立場から申し上げます。

結局、鬱のような問題にしても、自死の問題にしても、それに応えられないってことがあると思うんです。ちょっと挑戦的な言い方ですが、現場で、実際に浄土真宗の教えを説くことを試みてきてないから、「これでは薄っぺらで伝わらない、救えない」という限界を感じられないんですよ。**教えを伝えるにも限界があるという経験があれば、**悲歎のなかにいる人々に伝わる言葉を発する可能性が開けます。そういう意味で、真宗を前面に出したほうがいいんじゃないかと思います。

**小林**　えっと……さすがに挑発的なご意見ですね。
これに対して、どなたかコメントはありますでしょうか？

**秋元（夫）**

## ○究極のところを伝えなければ、公共性は成立しない

僕も篠田さんと同じ意見です。真宗の話をして、自死念慮者の方が簡単に救われるなんて思ってません。「私」という凡夫が伝えて、みんなが救われていくというのは、妄想、驕《おご》りとさえ思っています。だけど、ギリギリのところを、**自らの価値観の究極のところを伝えなければ、相手に何も伝わらない形式的な空間になります。**

僕は自死問題の取り組みのときに言われました。「先生の話は納得できませんでしたが、先生の誠実さは伝わりました」と……。伝えれば伝わらないことも実感できる……限界を知るためとまでは言いませんが、自らの信念や意見を表明しなければ、響く言葉をいつまでも持ちえないことになると思います。

**高橋**

## ×聴くことが最も重要

それは、おかしい。

私は、自死念慮者や鬱症の状態にある人には、**徹底してその人の話を聴くのが最も重要**だと考えます。真宗の僧侶になる前に、「自死したい」という学生さんに向き合ったことがあります。そのときは、徹底的にその人の話を聴きました。「なんで死にたいのか。君が僕のことを説得して、僕も納得できるなら、一緒に死んであげるよ」と、口先だけでなく本気で言って話を聞く。こういう態度が正しいかどうかはわからないけど、どこまでも相手のことを想って行動するのが、本当の宗教者ではないでしょうか。

ちなみに、小林先生は「死にたい」と言われたときに、「オレは政治学者だからそういうのは相談できないよ」と応答なさるのですか？（一同笑）

**小林**　………（笑）

はじめに政治哲学者としてややアカデミックな話をしますと、そもそもリバタリアンとかリベラルの人たち（二一五頁参照）は、「死ぬ権利」もあると主張するのです。しかし、コミュニタリアンの場合は、自分自身の善き生を考えるべきだと主張します。ですから、コミュニタリアニズムを実践するという立場からは、相談に応じ、しっかりと傾聴して応答すべきということになります。ただ学者としての立場からは、なるべく**個人的な宗教性を全面的に押し出さないで、善や美徳の観点からの対話によって自死を思いとどまらせた**いと考えます。しかし私は宗教者、専門家ではないので、対話を試みますが、自分の対話だけによって自死を思いとどまらせることができるという自信はありません。ですから、深刻なときには、自分の知っている専門家を紹介すると思います。

## ジレンマ6　信仰をもっていれば、被災しないのか？

あなたが教えを説いていると、遺族から質問されました。

「私の両親は津波で亡くなりました。両親が亡くなったのは、あなたの説かれる信仰がなかったせいでしょうか？　あなたの説かれる信仰をもっていれば、今後は被災に遭わないで済むのでしょうか？」

「はい」と答えますか？　それとも「いいえ」？　「いいえ」なら、「それなら、なぜ信仰が必要なのですか？」と問われたらどうしますか？

**小林**　まず、「はい」という方？　……**ゼロですね。**ということは、皆さん「いいえ」ということですね。以前に東京で行った、宗教と平和に関するシンポジウムで同じ質問を宗教者の方に尋ねてみたのですが、なかには「はい」という方がおられました。ここには、宗教による考え方の違いがあるのかもしれません。今回は皆さんがすべて「いいえ」と回答されたのですが、「それならばなぜ信仰が必要なのですか？」と問われたら、どのようにお答えになりますか？

## 死なないということが宗教的救済ではない

**野澤**（男性・三十代・科学者・恐妻家）

「死なない」ことが宗教的な救済であれば、世の中には救われる宗教など一つもありません。真宗の場合、「生死を超えること」を救済と位置づけています。私なら、その点について、時間をかけてお話しします。

**小林** ありがとうございます。「生死を超える」ことが宗教的な救済である、ということですね。「生死を超える」とは、どういう意味ですか？

**野澤** 死ぬことを受け止めていくことができる「私」になっていくということです。

**小林** なるほど。「公共性」は、健全で明るい要素だけで作られるのではなく、悲しみ、苦しみ、病、死までも包み込むべきものでしょう。「死」という問題も、公共の領域に入れていくことが、宗教の役割の一つではないでしょうか？

反対意見がないので、すぐに次のジレンマに行きましょう。

## ジレンマ7　宗派色のないお寺を建てるか

あなたは、ますます信頼を集め、人々から宗派・宗教を超えて精神的に頼りにされるようになりました。その地域では津波ですべての宗教施設が壊れてしまったので、あなたにお寺を建ててほしいという声が高まりました。でも、浄土真宗のお寺にすると、縁あってあなたを慕っている他宗派や他宗教の人々は恩恵にあずかれないことになってしまいます。

あなたは、どうしますか？　宗派色のないお寺を建てますか？

**小林**　宗派の特徴を出さないという方は？　浄土真宗のお寺を建てるという方は？　……いいですね、多数派と少数派が、かなり拮抗していますね。四対六くらいでしょうか。

ではまず、要請に反して「浄土真宗のお寺を建てます」という方のご意見から聞いてみましょう。

**武藤**

## 真宗のお寺にして、どんな方にも来ていただく

私の根本はやはり真宗ですから、真宗のお寺を建てます。お寺というのは**形式とか伝統とかが安心感を与える**のだと思います。そこが新宗教との違いです。ただ、真宗のお寺を建てたからといって、超宗派的な活動ができないわけではありません。真宗の門徒でない方にも、どんどん来てもらえるようにします。そこから布教伝道が始まるわけですから。いずれにしても、形式というのは非常に大切だろうと思います。

**小林** 浄土真宗のお寺を建てるけれども、他の人も来られる状況にするというご意見でしたね。では、反対に「宗派色のないお寺を建てる」という方のご意見を聞いてみましょう。

**生駒**

## 他宗派の方も集えるように超宗派的なお寺に

具体的なお寺のイメージがまだあるわけではありませんが、浄土真宗のお寺以外の施設を建てると思います。その理由は、超宗派的な形式にすると、浄土真宗の門徒さんも他宗派の方も集うことができるからです。**被災地の限られたお金を有効に使って建てる**のです

から、誰もが集える汎用性の高いものを目指すべきだと思います。

**小林**　この事例では「あなたがみんなから特別に信頼されるようになった」と仮定しています。他の宗教者も現地に来ているが、やはりあなたに建ててほしいという希望が出された。でも、あなたの所属する真宗で建ててしまうと、それ以外の宗派に属している方が入りにくいので、宗派を超えた形のお寺を建てるというご意見でした。

他にいかがでしょう？

## 道場を建てるべき

**柏木**（男性・四十代・布教使）

このポイントは「お寺かどうか」ということでしょう。お寺を建てる場合には、教えや宗派の形式に則って建てざるをえません。一方、江戸時代にあったような門徒中心で運営された**「道場」は普通の建物**でした。そこに本尊が置かれていただけです。私は布教使という仕事柄、法話・布教をいろいろな場所でします。実際に、お寺でないところでもします。被災地で、なるべく多くの人が集まれる場所を造ろうとすれば、シンプルな形式にして、浄土真宗の形式にこだわる必要はないと思います。

**小林**　なるほど。お寺であれば真宗形式だが、お寺にこだわらないで皆が集える「道場」を造ったほうがいいというご意見でした。

## 超宗派になれない浄土真宗が特殊なのでは？

**篠田**　天台宗と浄土宗が共同で運営している善光寺の例がありますよね。超宗派で集まれない理由があるなら、なぜかとお聞きしたい。奈良時代には、**さまざまな宗派を一緒に学ぶ四宗兼学のようなこともあった。**お寺というのはさまざまな宗派の教えを同時に学ぶことができるというのが世界的には一般的です。だから真宗だけ超宗派になれないというのは変じゃないですか？　仏教の専門家ではないので、間違っているのかもしれませんが、そう思いました。

## 大乗と小乗は同居していた

**山本**　インドでも同様です。歴史をみると、大乗の行者と、小乗の行者は共存していました。生活の規則さえ合っていれば、共存できるのが当初の仏教の形です。だから、思想的な違いがあっても共存できる可能性はあると思います。

**鈴木**（男性・三十代・真宗学研究者・クマ学会所属）

## 他宗から嫌われていた

おそらく、歴史的にみると他の宗派は真宗と一緒になりたくなかったのだと思います。専修念仏は弾圧されましたし、一緒になろうという動きはありませんでした。真宗は嫌われているのではないでしょうか（笑）。

**小林**　ありがとうございます。それでは次のジレンマに移ってみましょうか。

## ジレンマ8　お寺を地域の集会やイベントに使わせますか？

被災地では、他に宗教的施設がないだけでなく、行政も十分に機能していません。そのため、法事だけではなく、精神的な絆や支えを求めて、また精神的・社会的相談に、多くの人が訪ねてくるようになりました。あなたがそれに積極的に応じていると、地域の集会やイベント、さらには社会的福祉活動なども、お寺で行いたいという希望が寄せられるようになってきました。
あなたは、これらに積極的にお寺を使わせますか？　それともお寺を寺院本来の機能である儀式や法要のみに限定して使いますか？

**小林**　先ほどと同様に、被災地で唯一の宗教施設という状況です。では、積極的にお寺を使用させるという方？　……はい、ほとんどの方が積極的にお寺を使わせるという意見ですね。理由を聞いてみましょう。

**入山**（男性・三十代・実践真宗学卒・大学院を三つ卒業）

**✕やはり、門徒が中心**

僕は、やや反対意見です。お寺は、仏法を伝える施設です。当然、教えを聞きにくる門徒さんのためということは外せません。他の方に広く使っていただくのは、せいぜい一〇パーセントくらいというのが、僕の率直な感想です。

小嶋

## 寺が閉じられれば排除される人が出てくる

ここでのポイントは、被災地域で、まだ**行政が十分に機能していない**というところにあると思います。私が寺を儀式や法要に限定するという判断を下した場合、信仰を共有できない人たちは排除されてしまいます。「御同朋」の精神に則るからこそ、すべての人に開かれた寺院活動をすべきだと考えます。

秋元（夫）

## 歴史的に寺は開かれていた

私は全国の真宗寺院の実態調査に関わってきましたが、かつて**寺院は選挙演説の会場や初等教育の場として使用された歴史があるようです**。ところが、公民館やコミュニティハウスといったものが建てられて、しだいに公共空間としての役割を失っていきました。お寺は、このように開かれていた歴史をもつのですから、積極的に地域の会合や福祉活動のために開放されていいと思います。

小林　この場合は、真宗が最も信頼を得て、唯一の宗教施設であり、それがさまざまな機能を担えるかということが問題となっています。多くの皆さんが開放すべきであるというご意見でしたが、今のご意見は、歴史的にみてもそうすべきであるということですね。

**湯本**（女性・二十代・仏教学研究者・商社勤務経験有）

## 地域に貢献できる可能性がある

私も、寺はコミュニティに対して開かれるべきだという立場です。実際、うちのお寺でもヨガ教室や料理教室などを開催しています。ご門徒以外の方も参加されます。しだいに口コミで広がり、今では参加者の**半数以上が門徒以外の方々**です。

お寺の第一の目的は布教伝道です。しかし、**多くの人が集まれる空間を持つお寺は、さまざまな形で地域にも貢献し得る可能性を秘めています**。また、発想の転換をして、布教は真宗の教えに出遇っていない方へと伝えることと考えれば、門徒さん以外の方々も大切にすべきだと思います。

# ジレンマ 9　社会活動をやめるよう圧力がかけられたら従いますか？

あなたが地域の社会的活動にも協力した結果、あなたのお寺は、地域の精神的・社会的な公共的中心となっていきました。ところが、復興が進むにつれ、行政は公民館の建設などを計画し、今後は社会活動やカウンセリング、社会福祉などは行政主導で行うことにして、お寺にはこれらの活動から撤退するように圧力をかけてきました。あなたは、それに従ってお寺の活動を縮小しますか？　それとも、人々の要請に応えて活動を継続しますか？

**小林**　たとえばお寺への嫌がらせの具体例としては、「調査が入り、宗教法人の活動とは言えないと指摘されて、非課税や認可を取り消される。あるいは、専門的資格をもっている人を置きなさいと指導される。法律に適合した施設を備えなさいと要請される」というような可能性が考えられます。そうすると、寺院本来の活動にも障害が出てくる危険があるわけです。

では、活動を縮小するという立場の人？

**那須**（男性・五十代・仏教史研究者・住職）

## 法律に基づいた指導には従うべき

活動の縮小に賛成します。行政は、社会活動をする必要があるから、法律に基づいて行います。**社会活動は行政の専門分野です**から、尊重して従うべきだと思います。それを宗教活動だからと言って従わないのは、こだわりすぎていると思います。

**村上**（男性・四十代・真宗学研究者・公職経験有）

## 伝道の充実を目指す

私も縮小の立場です。宗教の公共性、あるいは公益性のなかでは、**教義を伝えるということが最も大切な要素です。多様な価値を社会にきちんと発信するという公共性です。**社会基盤が弱いときには、あえて「伝道」に専心しないことが公共性に貢献することになりますが、行政ができる状況になれば、伝道中心にすべきだと思います。

**小林**　縮小に賛成の立場からご意見が出ました。本願寺派の調査によれば、歴史的に、行政的な機能が強化されると、実際にお寺が果たしたいろいろな機能が縮小してきたそうです。「それは自然なのではないか。あるいは、そういう流れがあるときどうするか」という問いです。

反対意見の方はいかがですか。多数は継続派だったと思いますが、継続派の意見をうかがいましょう。

**秋元**（夫）

## ✖公共性を簡単に譲ってはいけない

　こういう事例は私が関わった寺院調査でもありました。具体的な例は、盆踊りです。盆踊りは公共的な施設や広場ができたら、お寺から施設に移動する傾向があります。その結果、盆踊りがお寺の行事ではなくなります。

　しかし、最近、**過疎地などでは行政の力が弱まり、結果的に盆踊りが廃れてしまうケースがあります**。この調査結果を踏まえると、お寺がもっている公共性を簡単に譲ってはいけないと思います。

　ただし、お寺が盆踊りを独占していていいのかという視点も大事です。浄土真宗のお寺で行われている盆踊りは、他宗派の人が参加しにくいという面もあるからです。

　そう考えると、話は戻りますが、他宗教にも開かれた宗教施設からスタートすることで、独占の問題も解消されるでしょう。

**小林**　なるほど。行政の論理、あるいは**政教分離の論理**から言うと、「今たまたま、このお寺は唯一のお寺だから、さまざまな機能を果たしている。けれども、本来の姿からすれば、別の宗教のお寺とか別の宗教もあるだろう。そこで盆踊りを独占するのはよくないから、盆踊りとか公民館とかそういう機能は行政がやります」という論理になっていくわけですよね。それに対して「宗教的な観念からすると盆踊りは寺でやったほうがいい。そのためには他宗派の人も一緒に集まれるようなお寺を建立したほうがいいのではないか」というチャレンジングなご意見ですね。

## ジレンマ10 原発再稼働に反対声明を出しますか？

あなたの寺院はますます発展し、被災地全体に影響力をもつようになって、政治的にもあなたの意見が影響力をもつようになってきました。

震災では、原子力発電所で事故が起こり、大量の放射能が広い地域に拡散してしまいました。あなたの寺の門徒には「いのちの尊さ」という観点から「脱原発」を強く主張する人が多く、あなたもそれに共感しています。

ところが、時の政権は周辺地域の原発を再稼働する方針を提起してきました。あなたは、これに対して、寺院ないし個人として反対する声明を出しますか？　それとも控えますか？　もし反対声明を出すと、政治との衝突を覚悟しなければなりません。

**小林**　今度は政治との軋轢ですね。政権側も原発問題についてナーバスになっているわけです。

そんななか、当地で多くの人の信仰を集めはじめている真宗が反対すると、原発再稼働にとってやっかいな事態と言えます。そんななかで、あなたはどうするか？

こんな感じでイメージしてください。

たとえば反対声明を出すと、それに勇気づけられて、門徒さんたちが脱原発の環境運動を起こすかもしれない。それをきっかけにして、人間性回復や脱原発を目指す「ご縁党」という政党ができるかもしれない。その政党が、念仏デモをして念仏を唱えながら官邸前デモをするかもしれない。これは権力側にとって非常にやっかいです。

だから、もし超右派政権が時の政権だと、念仏デモ隊の中心人物であるあなたを逮捕するかもしれないし、「ご縁党」への弾圧があるかもしれない。この運動の側からすれば、いわば「平成の法難」ということになるかもしれません。これは今の政権のことではありませんよ（笑）。あくまでも仮定の話です。そういう危険性を感じるときに、あなたは声明を出しますかという問いです。

それでは、声明を出すという方は手を挙げてください。……あっ、意外と少ない。三分の一くらいでしょうか。出さないという方は？　手が挙がらない方が多いですけど、やや出さない方が多いですかね。

では、声明を出すという少数派の方のご意見を聞いてみましょう。

**高橋**

## 過去の反省に立って行動すべき

真宗は現実を問う宗教だと思います。歴史をみてみると、**戦争を肯定した時代もありました。その反省に従って行動するべきだ**という原則が今の真宗にはあります。だから、迎合するのではなく、きちんと声明を出すべきだと思います。

さらに私の個人的な思想信条としても、つねに自分の信念に従って、政府の方針と違っても、反対は反対とはっきりと言うべきだと考えています。

**小林**

これはあくまでも仮定の例ですから、皆さん自身が、今、個人的に「脱原発」に賛成か反対かは関係ありません。この議論もとても面白いのですが、あくまでも、この被災地の僧侶が真宗的な観点から「脱原発」を主張し、門徒さんたちも「脱原発」が正しいと、仮に思っていた場合の議論です。

**篠田**

## 出さない理由を教えてほしい

声明を出さない理由がわからない。「なんで出さないの?」と思いますね。出さない理由をむしろ教えてほしいです。

**小林**　では、反対声明を出さないという方の意見を聞いてみましょう。

**峰岸**

## 宗教的実践と声明を出すことは活動の質が違うから

たとえば、浄土に往生するために念仏することと、仏教の精神に基づき原発の問題について声明を出すこととは、同等ではないと思います。つまり、**浄土真宗の説く真実から原発再稼働という社会事例について声明を出すという判断を直接導けません。**ですので、声明を出すことには反対です。

**小林**　先ほどは、歴史をかえりみると、戦争への態度には問題があったので、声明を出すべきだというご意見がありました。今のは、宗教的真理と政治的・世俗的な原発反対声明はすぐにはつながらないというお答えですね。はい、では次の方お願いします。

**小嶋**

## 宗教は全人格に関わるもの

当然、この二つの行動は異なるものでしょう。しかし一方で、宗教は全人格に関わってくるものです。私たち宗教者は、宗教の精神に照らして、信仰に立ち戻って、模索し苦闘しながら現実の世界において行動しています。**教義から直接的に言えないという理由で、行動に正当性がないという意見には賛成できません。**それでは彼岸と此岸とが、響き合わなくなります。少なくとも私の信仰生活においては、生活のなかにある課題と教義とが対話し続けています。

**小林**

宗教的真理と声明とは完全に合致しないのは当然だが、真理と行動を響き合わせていくという意見でした。次の方。

**柏木**

## 排他性を生むので声明は出さない

声明を出すというのは、態度表明することなので、**画一的な行動を促します。**声明を出すことで、「うちの寺はこうなんだ」「浄土真宗はこうだ、それ以外は真宗じゃないんだ」

というように画一的になり、排他性を生むのではないでしょうか。

つまり、信仰する者も、人によってさまざまです。右も左もいます。それを容認できないような行動をとるのは問題だと思います。

**小林**　実はこれはとても大事な問題です。「脱原発」にせよ「平和問題」にせよ、さまざまなグループの中で、八割の人々はある意見に賛成なのだけれども、なかには反対者がいる、というケースはしばしば起こり得ます。

そのときに、「団体として声明を出すべきなのか」という議論があるのですね。もちろん「出すべきだ」という人もいるし、「出すべきでない」という人もいる。今のご意見は、信者さんのなかに多様性があるのだから、画一的な行動をとるように促す声明は出すべきではないというものでした。

今のご意見は、お寺としては出すべきではないというご意見ですかね？　実は、ジレンマは「寺院ないし個人として反対する声明を出しますか？」という設定にしました。それでは、個人としては、どうでしょうか？

**柏木**

## 個人と僧侶という立場は分けられない

私の慎重な性格からして、個人としても出さないでしょう。**個人で出したとしても、お坊さんの声明と理解されるから**です。事例次第の面もありますが、「個人の信条」に基づいて行動したんだとしても、門徒の皆さんに画一的な行動をせよという印象になることが、やはり問題だと思います。

**篠田** 門徒さんの顔色を見て行動するということですね。柏木さん自身が、強く共感している場合もそうですか？

**柏木** 私が共感していても声明を出さない場合もあると思います。レベルの問題だと思います。つまり、強烈に思っていたら出すでしょうし、「共感はするが、声明は出さない」ということはありえます。

## 共感の度合いによっても立場は変わる

**小林** ありがとうございます。確かにこの事例では、「あなたもそれに共感をしています」と書いていますね。門徒さんにはもっと強く主張している人がいるという状況です。「門徒さんは強く言っているけれども、あなたは共感しているぐらいだったら出さない」という選択もあるのではというご意見ですね。逆に「あなた自身も強く言いたい、何が何でもこの立場から言うべきであるということなら出すかもしれない」というご意見ですよね。

**秋元**（夫）

## 平和問題や念仏禁止でも声明を出さないのか

ジレンマに設定されているように、門徒さんにまで弾圧が及ぶと予想されると、軽々に行動できません。

しかし、たとえば、「戦争賛成の人がいるから意見を出さない」と言えるのか。あるいは「お寺に今の十倍の課税をするぞ」という場合、世間は賛成する人のほうが多いと思われますが（笑）、そのときでも様子を見て声明を出さないのか。究極的には、念仏禁止となったとき、権力による弾圧を恐れて反対の行動を起こさないことがありうるのか？

このように宗教に直接的に影響する事例から考えるとわかりやすいのですが、当該の問題について、**どれほどの信念と覚悟、つまりは原発や平和の問題について、周囲でなく「私」の問題となっているかが問われている**のだと思います。

高橋

## 意見を出して語り合うことが必要

声明を出すということに、皆さんは違和感をもっているようですが、声明を出さないということは、意見を表明しないことと同じです。意見を表明しないということは、基本的に、今の社会では、賛成していると表明しちゃっているわけです。反対なら反対で意見を語る、賛成なら賛成で議論すればいいんで、そこで**宗派が分かれるから物を言わないということには納得できません。**意見を伝えて、共に語り合うことが大事なんじゃないでしょうか。

篠田

## 体制に従うと排除される人が出る

私も高橋さんとまったく同じ意見です。公共性の問題でいうと、ハンナ・アーレント（一九〇六〜一九七五、ドイツ系ユダヤ人哲学者）がよく「**現れ**」(appearance) と言います。結局、意見を言わないということは、基本的に体制側・多数派が勝つということです。

先ほど、声明を出すと、その他の人を排除するという意見がありました。しかし、原発を再稼働するという大きな流れがある場合には、**すでに反対の立場が排除されようとして**

**いるわけです。**その支配的な状況に対して、意見を言わない限りは、賛成と反対の意見がきちんと表明され議論する「公共性」は、まず生まれませんね。そういった意味で、私は意見を表明するということが重要だと思います。

## 鈴木 異なる価値を提示することが宗教の役割

宗教には、世俗的な価値を相対化する力があると考えています。ですから、もし仏教者、真宗者という立場で出すならば、**賛成の人も反対の人も居心地の悪くなるような意見を出してこそ意味がある**と思います。ご門徒の主張に共感していることが前提だとしても、一般的な再稼働反対派の意見に単純に同調するのでなく、両者に問いを生むような意見を大切にすべきです。西欧の議論のなかで、**社会に対して異なった視点からの意見、すなわち宗教的な価値を提示することこそが、**宗教の**もつ公益性**だと主張されていたことを思い出しました。

**小林** ありがとうございます。私の聞いたところでは、大谷光真ご門主さま（当時）が、個人として、原発の倫理的・宗教的な問題について公共的に発言されたということです（一二五頁参照）。これはリアルな問題ですが、今はあくまでも仮定の事例としてご意見をいただければと思います。

大変に白熱していてもっとご意見を聞きたいのですが、時間がオーバーしておりますので、最後のジレンマ11に行ってみたいと思います。

## ジレンマ11 宗派からの撤退の要請に従いますか？

あなたの布教活動は大成功し、被災地で新しい宗教的ムーブメントを引き起こしました。被災地では次々とあなたの影響により浄土真宗のお寺が建立されるようになり、あなたをたたえる人たちからは、「現代の蓮如さま」とまで言われるようになりました。

ところが、あなたはさまざまな点で従来の宗派と異なった活動を展開してきたので、中央から、つまり京都の本山から、それをやめるように要請がありました。あなたは、どうしますか？

**小林** どんなことをすると宗派との軋轢が生まれるのか。たとえば、先ほど議論したような「超宗派的なお寺を作った。従来の寺からみればおかしい」というケースもありえます。

また「現代の蓮如さま」なので、蓮如さまが中世において革新的な布教をし、浄土真宗の教えを広めていかれたように、インターネット布教、メール、若者の間で流行している Twitter、LINEなどを使って、Twitterのフォロワー数が一〇〇万に達するというようなことも考えられます。被災地に現実の道場を造るのは難しいからインターネット道場を作って伝道するとか、念仏による超宗派的な脱原発運動をして、すごく影響力をもち「ご縁党」というような政党（笑）を作って選挙に出るなど、いろいろな可能性が想像できると思います。とにかく盛り上がっている状況です。

継続したほうが教えは広まるという状況だけれども、伝統的な立場からみて批判する人もいる。このような状況で、このスタンスで続けていくという方はいかがでしょうか？　やめるという方は？　……あまり手が挙がらないですね。じゃあ、やめるという方から聞きしましょう。

**渋谷**（男性・三十代・福祉学科大学教員・北海道から参戦）

## ◯そろそろ自坊に戻ろう

まず、最初の約束が半年以内ということでしたので、もうそろそろ自坊に帰るべきかと思います（一同笑）。本当は、もっと前のジレンマ7とかジレンマ8で帰るべきだったと思います。

あと、被災地はまだ非日常のなかにあると思いますので、**いったん自坊に戻って落ち着いて、門徒さんを大切にする日常性を取り戻してほしい**です。

**小林**　あまり盛り上がりすぎておかしくなってもいけないから、ちゃんと約束通り戻って、地元のコミュニティのことも考えて、理性的になる、というご意見ですね。確かに非日常的すぎるし、非日常的だから盛り上がったという面があるかもしれません。

**川栄**（男性・三十代・経済学者・タイ研究）

## 選挙に出るなら、本山と対話すべき

政党を作って選挙に出るのは反対です。なぜなら負けるので（笑）。また、選挙については、**政教分離の問題をどう考えるのかという宗派全体の立場が関係する**ので、この時点で、当然、本山と対話すべきだと思います。

**小林**　なるほど。選挙はだめということですね。逆に言えば、それ以外の伝道については問題ないという意見もありえますね。

他には？

武藤

## 組織全体と対話して公共性を生む

「現代の蓮如さま」とまで言われるというのは、かなり危険な状態だと思います。ここで本山から要請があったというのは、すごくいいタイミングです。宗派は、中央の組織があり、各地方でもいろんな活動があり、さまざまな問いが出てきて、そこから対話が始まり、**宗門内の公共性が生まれてきます。**

ここで突っ走ると、対話すらできない状態になると思います。

小林　なるほど。確かにそうですね。さまざまな興味深い意見をありがとうございました。それでは今までのことを簡単に振り返って全体の議論をまとめてみたいと思います。

## 〈公共性と共同性〉

まず、「公共性と共同性との関係」について考えました。「共同性」は、宗教的共同体のように同質の考え方をする人々のなかに存在し、この中の人々は「宗教的同朋」です。これに対して、その外にはそれ以外の「同朋」が存在します。そして、「公共性」においては、多様性・異質性・個人性と共通性・共同性・社会性の双方が存在し、多様性のなかで共通性を実現しようとするのが「共通善」です。しかし、この実現は、「言うは易く行うは難し」で、その実現は永遠のプロセスになります。

そして、「公共性」はその一つの要素として「共同性」を含んでいることになりますが、それ以外の要素もあるわけですから、そこには「共同的公共性」と「非共同的公共性」が存在することになります。つまり、同質の共同体の内部の人々を主たる対象にしている場合でも、その他の人々に対してもある程度その共同体が開かれていれば「共同的公共性」があるわけですが、同質の共同体を前提としない公共性は「非共同的公共性」ということになるわけです。後者のほうが、公共性という点では、より開かれていますが、前者のほうが、濃密な共同性を可能にするので、双方ともそれぞれ優れた点と限界があることになります。

これらの問題を考えるために、以下のような対立を念頭に置いて、ジレンマ3までを作りました。

### ◆ジレンマ1〔救援活動〕門徒優先／被災地救援：（宗教共同体内部の）共同性（共同的公共性）／（外部との非共同的）公共性

地元のコミュニティで活動しているときは、同質的な宗教的共同体にいることが多いわけですが、被災地という場所に行って非日常的な状況に置かれたときには、いろいろな人と接することになります。ここで、必然的に多様性という問題が現れてくるわけです。多様な人々と会い、多様な要請や希望が寄せられるなかで、どこまで、そして、どういう形でそれらに対応するのか。地域のコミュニティだけだったら体験しないようなさまざまな問題に出会いますから、それらにどのように対応するのかということを考えていただきたいと思って、一連の物語的な設定をしたわけです。

まず、ジレンマ1は、「どの範囲で公共性とか共同性を考えるべきなのか」というテーマで、「地元のコミュニティを離れて遠くまで行くのかどうか」という道徳的ジレンマです。地元の門徒を優先するという方は、地元のコミュニティにおける宗教的共同性（ないし共同的公共性）を重視しているわけですし、あえて被災地の救援に赴きたいという方は、外部の「同朋」のために行こうとしているわけですから、非共同的公共性を重視しているということになります。

**◆ジレンマ2〔活動形態〕宗教活動／ボランティア：宗教的公共性／社会的公共性**

次に、ジレンマ2は、被災地に赴いた際に、「僧侶としての宗教的活動」を行うのか、「通常のボランティア活動」を行うのか、という道徳的ジレンマです。被災地の人々は門徒ではないわけですから、これは共同性よりも公共性を重視する活動ですが、宗教的活動を行うのは「宗教的公共性」を重視しているのに対し、通常のボランティア活動は非宗教的な「社会的公共性」を重視していることになります。

**◆ジレンマ3〔袈裟〕着る／着ない：職業的公共性／非職業的（市民的）公共性**

同じように、ジレンマ3は、「袈裟を着るか着ないか」というジレンマを考えることによって、「宗教的公共性」と「社会的公共性」とのジレンマを考えているわけですが、袈裟はいわば僧侶という職業（プロフェッション）ないし資格を表す服装ですから、これは「職業的公共性」と「非職業的（市民的）公共性」の間の対比でもあります。

## 〈超宗派的要請に応えるか〉

次に、ジレンマ4から7では、被災地における超宗派的な要請に応えるか否かという問いについて、「宗派性」と「超宗派性」との間のジレンマを考えていただきました。

**◆ジレンマ4〔葬儀〕要請に応じない／応じる：宗派的共同性（共同的公共性）／超宗派的公共性**

**◆ジレンマ5〔布教活動〕要請に応じない／応じる：宗派的共同性（共同的公共性）／超宗派的公共性**

ジレンマ4は葬儀について、ジレンマ5は布教に関してですが、いずれも超宗派的にしてほしいという要請に対する態度を考えていただきました。そのような要請に応じないのは、宗派的共同性（共同的公共性）を重視していることを意味し、要請に応じるのは宗派的共同性を超えて超宗派的公共性を重視する態度を意味しています。宗派的共同性を重視するほうが、たとえば深い教えを伝えるためにはいいのですが、それでは宗派的共同性を共有しない人が排除されてしまうという問題があります。これに対し、超宗派的公共性を重視するほうが、より開かれていて、多様な人々の要請に応えることができますが、逆に深い教えを伝えたりするためには困難が生じてきます。

**◆ジレンマ6〔災禍と宗教に関する問い〕YES／NO：現世的救い（現世利益）／超越的救い（出世間的救い）**

ジレンマ6は「災禍と宗教」に関してで、他のジレンマとは異なって、宗教の内容に関わっています。信仰が災禍の回避に役立つと考える場合は、宗教が現世的救いないし現世利益に役立つと考える傾向があるのに対し、役立たないと考える場合は、宗教の役割をむしろ超越的な救いに求めていると言えるでしょう。浄土真宗の皆さまの場合は、全員、後者の考え方だったということになります。

**◆ジレンマ7〔お寺の建立〕要請に応じない／応じる：宗派的共同性（共同的公共性）／超宗派的公共性**

ジレンマ7は、超宗派的なお寺を建立するように要請された場合で、応じないのは「宗派的共同性（共同的公共性）」を重視しているのに対し、応じるのは「超宗派的公共性」を重視していることになります。ある宗派の形式に基づくお寺でも、その宗派以外の人もお参りすることはできるわけですから、「宗派的共同性」を重視する場合でも、公共性がないわけではなく、「共同的公共性」は存在します。これに対して、超宗派的なお寺のほうが、「超宗派的公共性」を重視しているのですから、より多様な信仰を受け入れるという点で、より開かれていることになりますが、他方で、深い宗派的な信仰の場にはなりにくいという限界も生じてくるわけです。

## 〈コミュニティとの関係〉

最後の四つのジレンマでは、「コミュニティや政治・行政や組織との関係」について公共性の問題を考えていただきました。

**◆ジレンマ8〔お寺の機能〕社会的活動に非積極的／積極的：専門的公共性／一般的公共性**

ジレンマ8では、「コミュニティ全体のさまざまな機能をお寺がどこまで果たすか、そしてなるべく多く果たしたいならば、そのためにはどうすればいいのか」というような議論を考えていただきました。「社会的活動」に対してあまり積極的でなければ、お寺を宗教的機能に限定することになりますから、「専門的公共性」を重視していることになりますし、「社会的活動」に積極的ならば、お寺がコミュニティの中のさまざまな役割を果たすことになりますから、「一般的公共性」も重視していることになります。「専門的公共性」の場合は、宗教における公共的役割を果たしているわけですが、それ以外の領域に関しては閉鎖的であるのに対し、「一般的公共性」の場合は、宗教以外の領域においても公共的役割を果たすことになるわけです。

## 〈行政や政治や組織との関係〉

ジレンマ9、ジレンマ10、ジレンマ11は、政治学とも関係が深く、行政とか政治や組織との軋轢という問題に対して、どう対応するかということを議論していただいたわけです。

かつては、お寺はコミュニティの中でさまざまな役割を果たしていましたから、ジレンマ8における一般的公共性を相当に担っていました。ところが、今日では行政などがそのうちの非宗教的役割を相当担うようになってきています。その結果、お寺の果たす役割が宗教に特化した反面、人々の心がお寺から離れて宗教性がコミュニティにおいて減ってきたことも否めません。

### ◆ジレンマ9〔行政との関係〕要請に応じて縮小／応じずに維持：公的順応性／自律的公共性

そこで、ジレンマ9では行政がお寺にそのような方向に圧力をかけてきた場合について考えていただきました。行政の要請に応じてお寺の機能を縮小する場合は、公的な機関の要請に応えるわけですから「公的秩序」ないし「公的順応性」を重視しているのに対し、行政の要請に応じずにお寺の広汎な機能を維持しようとする場合は、むしろ「公的機関」や「公的秩序」の要請よりも「自律的公共性」を重視しているということになります。ここで、「公的」と「公共的」という言葉を使い分けているのは、私たちの公共哲学の考え方では、国家や官庁などのお上《かみ》については「公的」という言葉を用い、それとは別の人々（民）については「公共」という言葉を用いるというように、言葉を使い分けることを提案しているからです。

**◆ジレンマ10〔政治との関係〕声明公表／沈黙：政治的公共性／非政治性（政治的非公共性）**

ジレンマ10では、今大きな争点になっている原発問題を例にして、政治的争点について主張を明確にすべきかどうか、という問題を扱いました。政治的な声明を公表する場合には、「政治的公共性」にも関わろうとしているのに対し、それを控えて沈黙する場合には、「非政治性」を重視していて、政治的には非公共的な考え方（政治的非公共性）を取っているということになるでしょう。

**◆ジレンマ11〔組織との関係〕要請に応じて止める／止めない：（公的）秩序性／（公共的）自律性**

ジレンマ11では、「現代の蓮如さま」というような極端な仮想的な例をあげて、宗教の内部の組織や秩序との関係を考えていただきました。大企業を考えてみればわかるように、国家の行政だけではなく、宗教組織も含めて、あらゆる組織には一種の権力や権威があります。ですから、組織の権力や権威との関係を考えることも、公共性の問題では大切なのです。

ジレンマ10の場合と同じように、組織の要請に応じてやめる場合には、「公的秩序性」を重視していることになりますし、それに対してやめない場合には、「公共的自律性」を重視していることになります。これは、キリスト教でもカトリックとプロテスタントの相違を考えてみればわかるように、多くの宗教の中で現れてくる考え方の相違なのです。

行政や政治や組織は「公共性」とは密接な関係にありますから、公共性を考える上でこれらとの関わりは避けては通れない問題です。これらについて意見はいろいろありましたが、いずれの結論になるにしても、しっかりと対話することを重視する意見が多かったのは、私としても非常に嬉しいところでした。

最後のジレンマ11における「現代の蓮如さま」という例は、問題を深く本質的に考えるために、仮想的に作ったものです。実際の浄土真宗の歴史を外から拝見すると、行政・政治などとの関係は、やはり歴史的にも重要な問題だったことがわかります。詳細は、第八章「基礎から学ぶ「公共性と宗教」」に譲りますが、浄土真宗をはじめとする鎌倉新仏教に対して当時の政治権力が弾圧を加え、その「承元の法難」について親鸞聖人は権力を批判されましたし、その後の歴史においても一向一揆や本願寺と織田信長との戦いが起こりました。そういったことを歴史の問題として議論するだけではなく、「今、自分たちの問題として起こったらどうするか」ということを考えるのが重要だと思います。浄土真宗の過去の歴史を思い起こしながら、「今、そういうことが起きたら、自分はどうするか」ということを考えるのもとても有意義なことではないかと思い、こういう設問を作りました。往々にして私たちは歴史的な問題ばかりを議論して、なかなか現代の問題に臨まないことがありがちなので、こういった仮想的なモラルジレンマを考えることは、今後の問題にどう対応するかということを考えることになり、有意義ではないかと思うのです。

今日は、非常に活発な議論をしていただき、ありがとうございました。モラルジレンマを考えることが、皆さまの思考の深化や今後の実践的活動の発展に何らかの形で生きれば、私としても非常に嬉しいと思います。

**小林正弥**

## 〈ジレンマと各章との関係について〉

第一章から第七章までは、ジレンマの内容を受けて構成されています。本章のジレンマと、各章を対応させて読んでいただけます。各章との関係は、以下の通りです。

**第一章**は「語る」「伝える」をテーマとし、ジレンマ5で生まれた「そもそも、社会に価値を伝えられていないのでは」という問いかけに応答しています。

**第二章**は「聴く」をテーマとし、ジレンマ5で発せられた「聴く」ことが公共性を開けるのかという問題意識と、ジレンマ6の「信仰していれば被災しないのか」に応答しています。

**第三章**は「届ける」を主題とし、ジレンマ10の「原発再稼働に反対声明を出すか」やジレンマ9に応答しています。

**第四章**は「排除」を主題とし、ジレンマ7・8の宗教のもつ排他性の問題に応答しています。

**第五章**は「他者と共に」をテーマとし、ジレンマ1の「同朋とは何か」という課題やジレンマ2・3に応答しています。

**第六章**は「発信」をテーマとし、ジレンマ11から派生しています。

**第七章**は「つながる場」をテーマとし、公共的なお寺を内容としたジレンマ7・8に応答しています。

最後の**第八章**は、ジレンマ全体を解説する「公共性」の基礎を説明しています。

**八橋大輔**

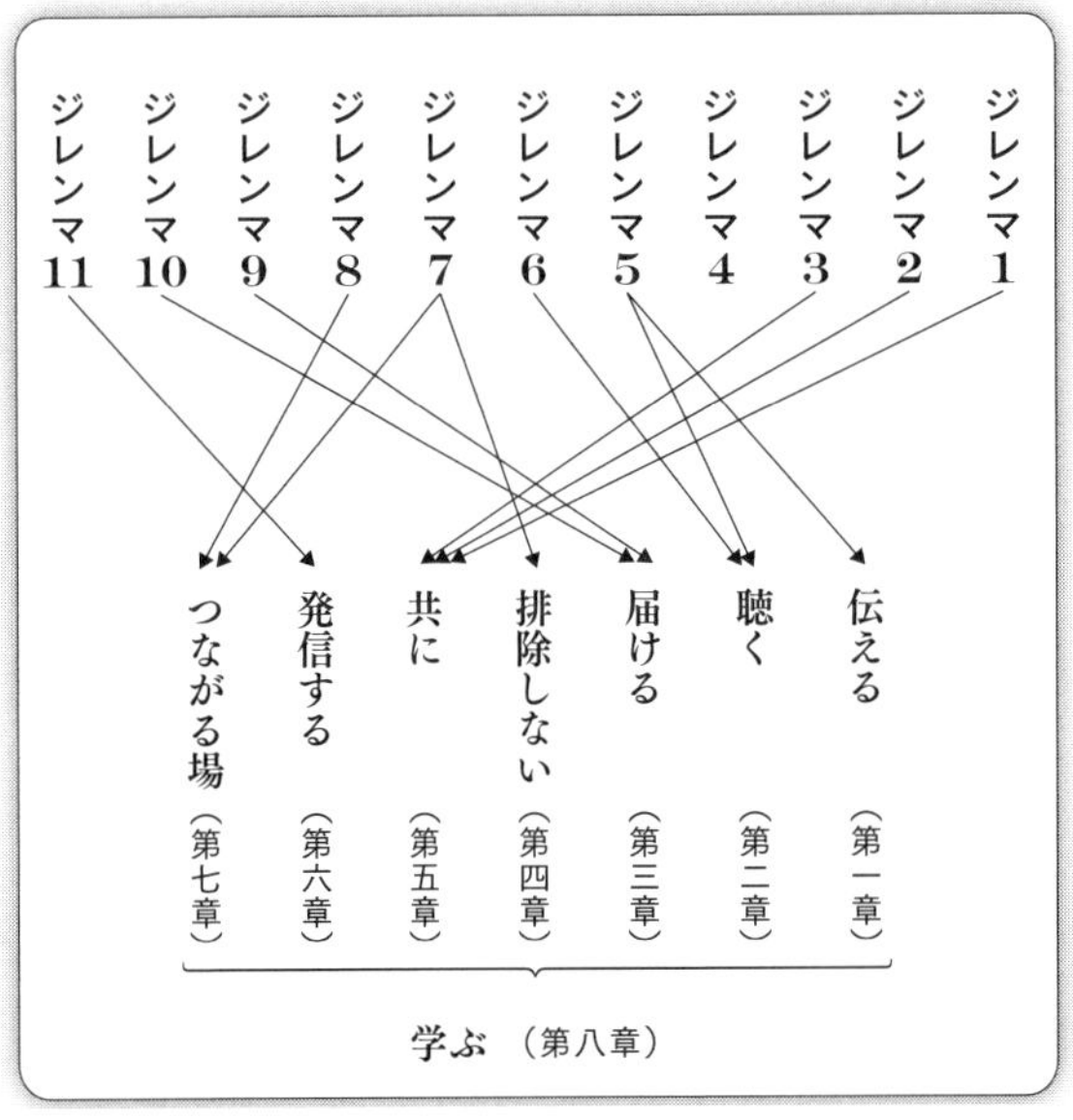

CHAPTER 1

# 開かれた浄土真宗
## ――教えを床の間に飾っておいてよいのか？

徳永一道

信心が個人の問題であるとしても、信心を得ることで、私と「他者」との関係が消えるわけではない。仏教に触れたことのない大学生や外国人が、過酷な現実の前で、仏教を指針として必死に生きようとする姿を伝え、「他者に開かれた浄土真宗」について訴える。

## ❶教えを伝えるということ

浄土真宗の教えを聴くということに関して、「信心は一人ひとりのしのぎの問題」あるいは「聴聞は私自身の後生の一大事の解決のため」という言い習わしには根強いものがある。これらは、この私が阿弥陀仏にどのように救われるのかという問題、つまり「個の救い」を意味する言葉である。確かにそうであるには違いないが、自分が他者と共にこの人生を生きているという観点からすれば、はたしてそれですべてよしと言えるのか、というのが近年私から離れることのなかった疑問である。

かなり以前の話になるが、大阪の津村別院の法座に私の尊敬する先輩が布教に来られて、法座終了後に、聴聞に来ていた年配の男性がお礼の挨拶に見えた。そのとき、その人が誇らしげに「私はこの法座での聴聞は欠かしたことがありません」と言ったので、先輩は「それは結構ですね。ところでお仕事は何をなさってるんですか？」と何気なく問うた。それについてその男性が何々の商売をしていると答えたので、「それならお忙しいでしょう。そこを聴聞に出してくださるご家族はご立派ですね」と言われたとき、彼は「いいえ、うちの家族はみなフツーの人間ばかりです」と答えたという。

立派なのは家族ではなく、仕事で多忙にもかかわらず、そこを無理して聴聞に足を運ぶ自分である、と言いたかったのに違いない。そこまでして「後生の一大事」の問題の解決に主体的に取り組んでいるというところを誇示したかったのではないかと勘ぐりたくなるのは、あながち牽《けん》強《きょう》付《ふ》会《かい》とも言えまい。しかしながら、その人が聴聞して得るかもしれない救いは、その人の家族には関係がないことになる。

いったいおのれの生死《しょうじ》の問題の解決に執心することが、他者に向かって自慢すべきことなのであろうか？「信心は一人ひとりのしのぎの問題」という命題によって、一つ間違えば、われわれはこういう迷路に入り込むことになるであろうことには、十分に気をつける必要がある。

そういう精神性が、明治中期以後の西洋哲学の導入によって、先の「主体的」という名のもとに、浄土真宗の求道に不可欠の要素として重んじられるようになったことは言うまでもなかろう。要するに「一人ひとりのしのぎ」が「主体性」という名に変わったのである。私が浄土真宗の教学を学びはじめた学生の頃はまさにその花盛りの時期であって、学生たちの間に、キルケゴールとかニーチェとかハイデガーというような西洋の哲学者の名前が飛び交ったものであった。私も仲間はずれになりたくなかったので、そういう哲学者の翻訳書を生かじりした苦い経験がある。

## ❷主体性云々以前の問題

上に述べたような浄土真宗の根強い精神性に疑問をもちはじめたのは、私が京都女子大学に仏教学担当教員として奉職してからであった。言うまでもなく、京女は浄土真宗本願寺派の関係学校であって、全学生の卒業要件として、一回生には「仏教学Ⅰ」として仏教一般の思想を、三回生には「仏教学Ⅱ」として親鸞聖人の教えを受講することが課せられている。月に一度の必修の礼拝の時間まであって、入学時は合掌さえ知らなかった、つまり「仏とも法とも知らない」学生であっても、卒業時にはごく自然に合掌するようになり、本山で帰敬式を受ける卒業生も少なくはない。なかには卒業後もお寺の法座に聴聞に通う者もいる。これは京女を退職した今も私の誇りであって、いろいろな法座でそういう卒業生が聴聞しているのを見るときほどの喜びはないのである。

話が逸れるようだが、あるとき、自宅近くの病院の会計で支払いの順番を待っていたら、後ろから声をかけられた。振り向くと若い女性だったし、それは京女の卒業生に違いなかったから、「やあ、久しぶり」とか言って久闊《きゅうかつ》の挨拶にして済まそうとしたら、そうはいかなかった。彼女は「実は先生に電話か手紙でお尋ねしたかったが、なかなかその勇気がなくて、今幸いにお見かけしたので、声をかけさせてもらった」という意味のことを言い、いきなり「阿弥陀さまだけは最期まで私を見放さないでいてくださる、というのはほんとうですね？」と言ったのである。

このときほどの衝撃を私はかつて経験したことがない。頭のてっぺんから足の爪先まで、電流のようなものが走ったことは事実であった。彼女は大学時代に私からそういうことを習ったのに違いなく、自身が命の瀬戸際に直面して、究極的なよりどころ、すなわち『浄土和讃』にいう「畢竟依《ひっきょうえ》」に思いをいたさざるを得なくなったのであろう。思えば、病院通いを余儀なくされている私もまた「畢竟依」を求めるべき立場にあったにもかかわらず、そんなことは意識にものぼらず、血液検査の数値がよくなったとか、血圧が安定するようになったとか、というような現実的で些末なことばかりにかかずらわってきたわけで、そういう自分が恥ずかしくなったのである。

しかし、私はあくまでも元教員であったという体面を捨てきれず、「ほんとうや」とだけ答えるのが精一杯だったのだが、彼女と同じ身体状況にある自らの内心では、「いちばん大事なことを、なんと教え子から教えてもらった！」という衝撃に打ちのめされていたのである。このときの彼女はまさに私の「善知識《ぜんちしき》」、すなわち「善き師」であった。

## 三 私の分別を超えてはたらくもの

これ以外にも、教える立場にあった私が、逆に教え子から教えられるという経験は、これまでに一再ならずあった。ただ単に知識として教えたはずの仏教が、彼女たちの人生の瀬戸際にその正体を現すようになるのは、先に述べた卒業生の場合以外にも数多くある。それらを知ることは、私の人生の貴重な財産となっていて、京都女子大学に仏教学教員として奉職したことのありがたさにしみじみと感謝せずにはいられないのである。

今はすでに時効になっているので、本人の承諾も得て、法座やエッセイで何度か言及したことだが、ある年の卒業生の話である。彼女は卒業後に大阪の一流会社に職を得て、そこで一人の優秀な青年と知り合い、やがて結婚して世に言う「愛の結晶」を得ることになった。彼女のしあわせはまさに頂点にあったのである。ところが、その「愛の結晶」が彼女を地獄に突き落とすことになったのは、この世の常とはいえ、彼女を教え子にする私には聞くだにつらいことであった。

それを具体的に述べる必要はないと思われるが、生まれてきたその子をめぐって、夫婦の背後にいる人間どもが無責任なことを言い散らし、当然のことながらそれが彼女の耳に入ってきて、また同様のことが夫の耳にも届いて、あれほど愛し合っていた二人の間に疑心暗鬼が生じはじめたのである。すべてに絶望しきってしまった彼女は、その子を道連れにして死ぬほかはないと思って身辺整理をしていたとき、大学時代のノートに記された阿弥陀仏の四十八願の第三願、すなわち通称「悉皆金色《しっかいこんじき》の願《がん》」を目にしたという。

それは浄土真宗が最も大切にする経典『仏説無量寿経』に説かれるもので、「この世界に存在するものはすべて、一つの例外もなく、金色に光り輝いていてほしい」という阿弥陀仏の願いをあらわす本願である。われわれ人間は、自分の外にある人や物を見て、あれは美しいとか醜いとか、良いとか悪いとか、役に立つとか立たないとか、損だとか得だとかいうような値踏みをするのが常であるが、阿弥陀仏の本願は、つまりその願いは、人間が作ったそういういっさいの価値基準を超えて、あらゆるものが金色に輝く存在であってほしいということである。

この「悉皆金色の願」をさらに平たく言えば、それは阿弥陀仏の大悲のもとではゴキブリも金色に光り輝いているということになる。われわれが「ゴキブリホイホイ」を仕掛けて、それに一匹でもかかっているのを見ては「やった！」などと喜んでいる次元とはまったく違った価値を、この本願は教えてくれているのではないか？　このようなごく素朴な形で明示された本願の大悲をよそにして、われわれ真宗者はいわゆる「主体的な」救済の論理のみにかかずらわってきたのは、否定することのできない事実ではなかろうか。

## 四 人生の現実に適用される教え

京都女子大学で、先に述べたようなごく初歩的な仏教・真宗の知識を教えただけにもかかわらず、自己の「後生の一大事」の場面にそれを適用して、自らの人生の新しい局面を切り開いた卒業生たちがいることを、忘れてもらっては困るのである。上述のごとく、京女の仏教学の時間に教えることは、仏教であれ真宗であれ、ごく初歩的なことばかりである。しかも専門用語（私に言わせれば業界用語）をいっさい用いずに、できるだけ一般的な日常語を用いて講義することが必須であるのは言うまでもない。

このことに関して、あるとき私が実姉の寺の報恩講に出勤していた際の空き時間に、差し迫っていた京女の期末試験の答案を採点していたときのことを今も忘れることができない。トイレに行こうとして私のそばを通りかかったご講師の先生が採点している私を見て、「どれどれ、ちょっと見せてくれ」と言ってその答案を目にされたのであるが、そのときその先生は「なんだ、京女ではこんなことを教えてるのか」と吐き捨てる調子でおっしゃって、その答案を投げ捨てるようにして私に返されたのである。そのときまで私はその先生には絶対従順の姿勢を保っていたのであるが、これを見て「ちょっと待ってください」と言いつつ、その先生に対する私の憤懣をぶちまけてしまった。

「あなたはあなたの〝追っかけ同行《どうぎょう》〟を相手に、仲間内の用語でご法義を伝えていればそれでいいのでしょうが、それが〝仏とも法とも知らない〟学生相手に通用するとでも思っているのですか？」と、本気になって抗議してしまったのである。このときの憤りは今も私から消え去ることがない。

なるほど私が京女で教えていたことは、その先生からすれば、仏教や浄土真宗のごく初歩的な知識であったことは事実であったであろうが、そういう知識によってさえも、先に述べた卒業生のように、いわゆる「生死の問題」を考える決定的な要因になりうるということを、私はその先生に言いたかったのである。いわゆる「ご安心の要《かなめ》」をまったく知らない者にさえも、阿弥陀仏の大悲は浸透しうるということの、これは証左となるのではなかろうか？　そうして、人生の過酷な現実に直面するわれわれにとっての決定的な指針となるのではないだろうか？　要は、それを単に理屈としてではなく、自らの人生の現実に即して受け止めるかどうかにかかっている。

私はかつて大学の付属小学校の校長先生から、児童たちに「阿弥陀さまのお話」をしてほしいと頼まれたことがあるが、それは京女の学生に仏教や浄土真宗についての講義をするよりもはるかに困難であった。小学校の児童相手に仏教用語など一語も通用しないことは言うまでもない。とすれば、どうすれば阿弥陀さまのお慈悲を伝えることができるのか、読者諸賢は一度じっくりと考えていただきたいと思うのである。その場合、小学生たちの関心事には、高邁で観念的な救いの論理などは入り込む余地がないということを承知しておくことが、まず前提条件である。

## 五　法義は英語では伝わらないのか？

われわれ浄土真宗に関わる人間は、その法義を尊重するあまり、それを奥座敷の床の間に飾って、ひたすらそれに向かって平伏するという姿勢を現在も捨てきれてはいない。法義を床の間に飾るのも結構だが、それをありがたいとも思わない人たちをどのように扱うのか？　今の私にとっては、「あの連中はご法義には関係ないから、ほおっておけばいい」というたぐいの傲慢さにはなんともやりきれぬ思いがするのである。

かつて私は、米国のある大学の神学部からの、親鸞聖人の浄土教思想を講義せよという要請によって彼地に赴き、その科目を担当したことがあるが、受講生の中には一人として浄土真宗の法義を知る者はいなかった。最初の講義の時間に「Shin Buddhism（浄土真宗の英語表現）というのはShintoism（神道の英語表現）のことですか？」という質問を受けて愕然とした経験がある。先に触れた先生は、そういう学生に向かっても、「なんだ、そんなことも知らないのか？」と言ってすませてしまうのであろうか？

この傲慢さは、外国人に法義を伝えるという場合にも適用されてしまう。私が本願寺国際センターで「英文浄土真宗聖典」の翻訳作業に従事しはじめてから四十年になるが、これまでに「西洋人に浄土真宗の法義がわかるのですか？」という質問を受けたことは数えきれないほどである。そんなことを言う人は自分は法義をわかっているつもりなのであろうが、それはいったいどんな法義なのだろうか。われわれ日本人には通じて、外国の人には通じないような法義が、どうして「十方衆生」のためのものだと言えるのであろうか？

現代において浄土真宗が克服すべきことは、まず上に述べたような傲慢さ、および「井の中の蛙《かわず》」的な発想であろう。私がよく用いる喩えは、「外国人にお茶漬けの味はとうていわかるまい」などと言って日本文化を持ち上げているつもりの言葉である。「西洋人に浄土真宗の法義がわかるのですか？」と言う人も、どう見てもこういう発想から抜け出せていないような気がしてならない。つまり、浄土真宗の法義をお茶漬けと同列に置いているということ、そしてもう一つは、西洋人にはこのような深い教えは理解できないであろうという差別的な思い込みである。

このような質問に対して、私は「いや、日本人よりもよくわかりますよ」と答えることにしている。事実、そのように感じたことは一再ならずあって、かえって彼らから法義の深みを教えてもらったことも多い。思想、とくに宗教思想というものは、このようにして発展し、その深みを増していくのであって、それは仏教の歴史が証明しているではないか。

繰り返すが、浄土真宗の法義を日本座敷の床の間に飾ってはならない。その深さ、真実性はとうてい外国人には理解できないなどというような偏狭な姿勢は卒業しなければならないのである。法義を大切にするという姿勢は尊重すべきことであるのは言うまでもないが、それを奥座敷の床の間に飾っておくだけでは、とても大乗仏教とは言えぬであろう。

## ❻法座におけるパターナリズム

「パターナリズム」という言葉は普通「父権主義」などと訳され、わが国の過去の封建的な精神性を表現する場合によく用いられる。わかりやすく言えば「上から下へ主義」ということで、かつて一家の柱であるべき父親を頂点にして、家族がその下に従属していたような人間関係を表現する用語である。これは別に日本に限ったことではなくて、どこの国の社会や家族にも見られたものらしく、現代においていわゆる先進国が真っ先にその克服に努めたのは周知のことである。

この「パターナリズム」克服を目指した好例はアメリカの病院だと思うが、遅ればせながら日本の病院においてもそうした取り組みが取り入れられてから久しい。年配の人なら誰でも経験があることだと思うが、たとえば筆者の若い頃は、「お医者さま」は患者の上にあって、医師と患者は決して対等の関係ではなかったのである。医師が処方した薬について質問することさえはばかられるような雰囲気がただよっていたことを覚えている人は多いはずである。

しかし、最近ではそういう雰囲気はずっと薄れて、医師と患者は対等の関係であるという雰囲気を保とうとする努力が明らかにうかがえる。病院の掲示に「患者様へ」などと書いてあるのを見ると、かえってこちらが緊張してしまうのは、筆者が過去の医療現場の雰囲気を経験しているからであろう。

ところが、法座のような浄土真宗の伝道の場においては、相も変わらぬパターナリズムが幅をきかせているのではなかろうか？　つまり、教えを伝える側と伝えられる側の間には、今も隠れた上下関係の力学がはたらいているのではないかということである。筆者の子どもの頃、お寺の外陣には「高座《こうざ》」というものが据えられていて、布教者は正装してそこに座り、その高みから見下ろして人々に法義を説いていた。彼が位置づけられていた「如来の代官」という立場からすれば、これは当然のことであったかもしれないが、現代においてもそれが通用すると思う人は、まさかいないだろう。

今はたいていの法座では布教者は黒板の前に立って法話をするというパターンになっていて、彼あるいは彼女が聞法者の上位にあるなどという雰囲気は払拭されているかに見える。しかし、私が言いたいのは、そういう見かけのパターナリズム払拭ではなくて、伝える側の意識に問題があるということなのである。今なお「上から下へ」の姿勢は根強く残っているのではないのだろうか？

この問題を取り上げると必ず私の頭に浮かんでくるのは、『歎異抄』に記された親鸞聖人の言葉である。すなわち、

念仏申し候へども、踊躍歓喜のこころおろそかに候ふこと、またいそぎ浄土へまゐりたきこころの候はぬは、いかにと候ふべきことにて候ふやらんと、申しいれて候ひしかば、親鸞もこの不審ありつるに、唯円房おなじこころにてありけり。

（『歎異抄』第九条）

の文であって、ここでは聖人は唯円房と同じ平面に立っておられることは言うまでもなかろう。伝える側と伝えられる側という関係は解消できないとしても、どちらも法義を受けるという点においてはまったく同一の平面に置かれているという姿勢が失われているとすれば、それは上記のようなパターナリズムが、なお伝道の場においては消滅していないということの現れなのではないだろうか？

## ❼社会に関わる浄土真宗

浄土真宗本願寺派が、自他ともに心豊かに生きることのできる社会の実現を目指すべく設立した、「宗門教学会議」という会議がある。その第一回（二〇一二年開催）のテーマが「公共性」であった。しかしながら、これは筆者のまったく正直な告白であるが、長年の間宗学に携わってきたが、「公共性」とか「社会性」というような言葉はそこに入り込む余地がなく、浄土真宗の教えとは無関係なものだと思い込んでいた。宗門の人たちの大多数はそういう考えであることはまず間違いないし、そういう発想に対して真っ向から対立する姿勢を誇示している人もいる。

私がもしもハワイ大学教授で真摯な念仏者であるアルフレッド・ブルーム博士と知り合うことがなかったら、今もそのような考え方で凝り固まっていたであろうことは間違いない。さらに言えば、博士が提唱している「エンゲイジド・シンブディズム（Engaged Shin Buddhism）＝社会に関わる浄土真宗」という言葉に出遇うことがなかったら、従来言われ続けてきた「信心は一人ひとりのしのぎの問題」という命題に私が埋没していたであろうことは、まず間違いない。

たまたま広島に原爆が投下された記念日（米国では八月五日）にホノルルにいたことがあって、ブルーム博士に駆り出されて、彼が主催する公園での原爆廃止集会で仏教の平和理念について演説させられたことがあるが、そのときやっと彼の意図がわかったのである。彼はそれをパフォーマンスとしてではなく、またいかなる政治的計算もなく、長年の間、ただ黙々と念仏者としての信念、つまり人が人を殺してはならない、という信念を表明していただけであった。

ブルーム博士はまた、インターネットで親鸞聖人の教えを世界中に配信していたが、そこには必ずそのときに米国あるいは世界で起こっている出来事を取り上げて、仏教徒としてのコメントを加えている。それを読んで浄土真宗の思想に共鳴している人は多い。まさにエンゲイジド・シンブディズムの表明だと言うべきであろう。

ひるがえって、先に述べたように、わが国の浄土真宗の法義においては、その究極の命題である「後生の一大事」に直結する信心は「一人ひとりのしのぎの問題」であるとされ、その問題の解決こそが、長年の間、浄土真宗の求道すなわち聞法の中核となっており、今も全体的な雰囲気としては、それがゆらぐことはないように思える。

したがって、法義を聴聞するのは誰のためでもなく、ひとえに「私の」後生の一大事の問題を解決するためのものであって、公共性や社会性などという要素が入るべくもなかったのである。このこと自体に何の問題もあるわけではない。つまり他者との関わりについては、浄土往生した後に還相《げんそう》の菩薩としてこの世界に還来して衆生を済度する、ここに自利利他という大乗菩薩道の理念が表明されているのだから、問題はないことになるのである。

しかし、なおかつこの理解からは疑問が生じるのではないだろうか。それは、「信心は一人ひとりのしのぎの問題」だといくら言ってみたところで、その人には家庭や社会とのつながりがあることは否定できず、そのつながりをまったく無視して、自分の救いというものが想定できるのであろうかというきわめて素朴な疑問である。自分の救いというものをあらゆる外的条件から切り離して、ただ自己と阿弥陀仏との関係において捉える、ということがはたして現実に可能なのであろうか？

自己の救いを一切の外的条件から切り離して、ただ阿弥陀仏との対応関係において捉え、その余の世俗的問題は救いとは一線を画して捉えるべきであるという考え方は、言うまでもなくこの国の仏教を永く支配してきた「真俗二諦論《しんぞくにたい》」に基づくのである。これは伝教大師最澄の『末法灯明記』にすでに見られる用語で、王法（世俗の権力）と仏法（仏教者）との間に一線を画することから始まる。「真俗二諦」という用語は本来、言語表現を超えた仏の悟り（真諦）と、その悟りの内容を表した仏法（世俗諦）の関係を説いたものである。それがその原意を遠く離れ、仏法（真諦）と王法（俗諦）の関係を示す用語として用いられてきたのである。これは仏教者がその団結の力をもって世俗の問題に介入してくると必然的に摩擦が生じて、やっかいなことになるので、それを恐れた為政者側が仏教者側に強要した論理であったことは間違いない。この「真俗二諦論」はなんと明治維新政府にも最大限に利用され、その後も太平洋戦争まで存続することになった。戦後もその徳をうたわれた高名な念仏者が太平洋戦争中に書いた王法擁護の本をたまたま手に入れて、愕然としたという経験が筆者にはある。

先に触れた「信心は一人ひとりのしのぎの問題である」という理念が、もしもこの真俗二諦論から生じたものであるとするならば、そこには深刻な問題があるのではないか、というのは私が近年感じていることである。阿弥陀仏の本願に救われるかどうかは、他でもないこの私の問題であると声を大にして言ってみたところで、私と他者との関係、ひいては社会との関係が消えてなくなるわけではなかろう。

したがって、上述のごとき「真俗二諦論」に基づいた法義理解からは、「公共性」という命題を引き出すのはきわめて難しく、これを論ずるにはまったく別の論理が必要となってくる。これについていわゆる教学者はどのように責任をとるのであろうか?

自分だけの救いや、限られた者の間でしか通用しない専門用語を使うといった閉じられたあり方ではない、「開かれた浄土真宗」について、われわれは今、語りはじめなければならない。

CHAPTER 2

# 二　生と死の公共性

## ――宗教は津波から命を救えるのか？

藤丸智雄・川元惠史

東日本大震災が起こった数日後、石原慎太郎氏が「天罰だと思う」と発言した。天罰論は批判されて撤回されたが、天罰論が無くなるだけで良かったのか？　被災者という「他者」、死者という「他者」という二つの「他者」から作り出す宗教的公共圏の可能性を提起する。

## 一 「他者」の失われた世界

二〇一二年十二月七日

研究所の同僚であり、東北で傾聴のボランティアをしているアベちゃんと、拙著『ボランティア僧侶』取材のために、福島県郡山市を訪れていた。関係者へのインタビューが終わって一息ついていた頃、大きな地震が起きた。

マグニチュード七・三。郡山でも震度四を記録。あちこちで、携帯のサイレンが鳴り響く。ビルから大勢の人が飛び出てきて、駅前に停留していたバスが満杯になっていく。ついさっきまで退屈そうに素振りをしていたタクシーの運転手さんは、お客を乗せて、慌ただしく駅のロータリーから車を走らせていく。

瞬く間に駅前から人影が消え、「東日本大震災を思い出してください。命を最優先に逃げてください。急いで逃げてください。決して立ち止まったり、引き返したりしないでください」という抑揚のないメッセージだけが、カーラジオから流れ続けていた。目の前の状況すべてから、底知れぬ恐怖が感じられた。

しばらく僕とアベちゃんは、車中でその様子を言葉もなく眺めていた。二人は、そもそも、逃げるべきなのか、逃げるにしても、どこへ行けばいいのかわからないで、ぼんやりとしているしかなかったのだ。

一時間ほど経過しただろうか、ラジオから「原発に異常はありません」という放送が流れはじめた。その放送を聞いたとたん、空腹を感じはじめた。壊れた原発への恐怖について、お互いに言葉を交わすことはなかったのだが、言いようのない不安があったように思う。安堵感と空腹にいざなわれ、駅近くの韓国料理店へ入った。十二月の早い夜が、郡山の街を包み込んでいた。

お店に入って注文を終えると、食堂の暖かさや料理の香りで、体が自然とゆるんでいった。注文した料理がようやく並びはじめた頃、アベちゃんの携帯が鳴りはじめた。震災で家を失った被災者女性からの電話だった。

その女性は仙台の街角で動けなくなっていた。——大きな地震が、また起きた。しかし、仙台の街中を、人々が普段と変わらぬ様子で歩いている。その事態が彼女の心に強い恐怖心を引き起こし、仙台の街角で動けなくなってしまったのだ。そして、誰も彼女に関心を示さず、通り過ぎていく。群れからはぐれたガゼルのような孤独に襲われた彼女は、光り瞬く街角からＳＯＳを発信した。郡山から仙台は一〇〇キロ以上ある。連絡を受けたアベちゃんの仲間が、彼女のいる場所へと急いで向かった。

当時の仙台の街は、復興に携わる人々が日本全国から集まり、あまり気持ちのよい言葉ではないが「震災景気」と称されるほどの賑わいがあった。街は多くの人々で溢れ、人波は途切れることがなかった。しかし、彼女にとって「**見ていてくれる、聞いてくれる他者**」は不在だったのだ。

# 二「信仰は命を救うのか」はジレンマになるのか？

本願寺白熱教室では、一一個のジレンマについて、対話が交わされた。小林正弥先生によって絶妙に設定されたジレンマは、対話に参加した僧侶から、相反する意見をみごとに引き出し、白熱した議論が交わされた。ただ一つのジレンマを除いて。

例外的に相反する意見が出なかったのは、〈信仰の有無と人命〉についてのジレンマ6である。

「あなたが教えを説いていると、遺族から質問されました。〈私の両親は津波で亡くなりました。両親が亡くなったのは、あなたの説かれる信仰がなかったせいでしょうか？　あなたの説かれる信仰をもっていれば、今後は被災に遭わないで済むのでしょうか？〉〝はい〟と答えますか？　それとも〝いいえ〟と答えますか？」

これについては、四〇名ほどの参加者すべてが、〝いいえ〟に挙手した。その中の一人から意見が出されたが、意見が割れなかったため（つまりジレンマにならなかったため）、早々に次の「ジレンマ7」に移ることとなった。（詳細は第0章三九頁）

この「信仰があったら、宗教的に正しく生きていたら、津波から命を救われたのか」というジレンマについて意見が割れなかったことを、知り合いの某社会学者、また某編集者、その他数人の知人に話したところ、いずれも「そりゃ、そうでしょう」と一笑に付されてしまった。学者からは「いまどき、そんなバカな話は通用しないよ」と言われた。「確かにその通りでもあるのだが、そんな当たり前で単純なことでもないんだ」と言いたくなったが、話が長くなりそうだったのでやめた（そして、この原稿を書いている）。

「信仰していなかったから」「宗教的な戒律をやぶっていたから」「堕落していたから」大きな被害が出たのであり、逆だったら、こうはならなかったという見方は、関東大震災のときやリスボン大地震のとき、さらには親鸞・道元・日蓮が生きた自然災害の多かった鎌倉時代にも、思想上のテーマとなった。日蓮聖人は、『立正安国論』で、鎌倉時代の相次ぐ災害が『法華経』を信じていないからと一種の天罰論を記述した。また、日本のような世俗化された社会でないところ、たとえばイスラム国家のような宗教的文化圏だと、今でも神の思し召しについて真剣に検討されるに違いない。しかも、こうした議論が巻き起こるときには、鎌倉時代がそうであったように、つねに宗教者は重要な役割を果たすのだが、少なくとも今回の「本願寺白熱教室」においては、この問題について意見が分かれ、議論が沸騰することはなかった。

もちろん、それは、親鸞聖人が「天罰で自然災害が起きた」という議論に与しなかったためだ。しかし、真宗の外側に目を向けても、天罰論に賛同する意見が積極的に示された様子はない。鎌倉時代から、教義が大きく変わったということも、その解釈が変更されたというわけではないにもかかわらず。

簡潔に言えば、科学の発展で地震のメカニズムが明らかにされたから、地震の原因が天ではないとわかり、宗教者の出る幕がなくなったのだろう。しかし、それで終わりにしてしまうと、宗教側はこっそり「天罰論」を取り下げてしまっただけになる。科学の発展によって役割を失っただけでいいのか？　むしろ、そうした役割が失われたことで、宗教あるいは宗教者が担うべき、別の責務が明らかになったのではないだろうか。

そこで、本書の「公共性」という視点から、震災を通して感じられた「**見ていてくれる、聞いてくれる他者のいる公共性**」の大切さと宗教の役割について考え、ジレンマへの応答としたい。

## ❸ 自然という「他者」、畏れの「他者」

東日本大震災が起きたとき、すでに忘却の彼方かもしれないが、「天罰論」が提起された。震災から三日後の三月十四日、石原慎太郎東京都知事（当時）は記者会見で「日本人のアイデンティティーは我欲。この津波をうまく利用して我欲を一回洗い落とす必要がある。やっぱり天罰だと思う」と述べた。石原氏は激しい批判にさらされ、（めずらしく）翌日には発言を撤回した。

仏教界では、石原氏が霊友会（法華系の新宗教）に関わりがあることから、この発言は、前述の日蓮聖人の災害観を受けてのものと考えられた。そして石原「天罰」発言を受けた仏教学者の末木文美士氏の論稿が『中外日報』に掲載され、これが仏教界における議論の火付け役となった。

末木氏は「確かに氏（石原氏）の言い方は誤解を招きやすく、被災者を傷つけるところがあった」としながらも、天罰という見方は必ずしも不適当と言えないと述べる。

> 経済だけを優先し、科学技術の発達を謳歌してきた人間の傲慢が、環境の破壊や社会のゆがみを招き、そのひずみが強者にではなく、弱者にいっそう厳しい形で襲い掛かってきたと見るべきではないか。
>
> 日蓮の『立正安国論』では、国が誤れば、神仏に見捨てられ、大きな災害を招くと言っている。その預言を馬鹿げたことと見るべきではない。大災害は人間の世界を超えた、もっと大きな力の発動であり、「天罰」として受け止め、謙虚に反省しなければいけない。だから、それは被災地だけの問題ではなく、日本全体が責任を持たなければならないことだ。
>
> （『中外日報』二〇一一年四月二十六日号）

末木氏は、震災は単なる自然災害でなく人災的な面があり、それに対しては**人間の智慧を超えた何ものかへの畏れ**を取り戻すべきではないか、また経済のみを優先させるような価値観について、世界全体が反省すべきと論じ、「天罰論」に一定の理解を示した。

すると今度は末木氏が仏教界で批難を浴びることになった。それは主に天罰論を肯定したことに対して、である。末木氏（と思われるブロガー）も後に振り返るように、当初は石原発言が是か非か、つまり震災は天罰か否かという踏み絵的な二者択一を迫る論調があったため、議論がそこだけに集中した感がある（もっとも、ご想像の通り肯定派はほとんどいなかったが）。
宗教学者の島田裕巳氏は「東日本大震災は天罰か？」と題した論を著し、震災を天罰とする考えを中世的であり現代にふさわしいものでないとして批判した。さらにもし「天罰」とするならば**被災者に何か特別な落ち度があった**ことになり、それは被災者の苦しみを増すだけだと述べ、安易に災害を天罰と捉えることに警鐘を鳴らした（『Sangha Japan』第六号）。これと同様の指摘が、いろいろな人からなされた。

こうした批判に対して末木氏（と思われるブロガー――しつこいので以下略）は、ブログを開設し、二〇一一年十一月まで断続的に投稿している。その中で石原「天罰」論への賛成は取り下げられる。終盤で末木氏は自らの関心を次のように整理した。自身は哲学・宗教的な問題として、「震災」の捉え方を問題にしており、逆から言えば自然現象としての「地震」の原因を論じるつもりはないこと。それは「**自然という他者**」にどのように関わっていくかという問題につながると。つまり末木氏は「自然」を操作可能・克服可能なものと考えてしまったことを問題視し、自然を「他者」として捉えることの大切さを提起したのだ。筆者は、この末木氏の言う操作不可能な「他者」という部分に注目したいと思う。

なお、石原氏が早々に取り下げてしまったように、「天罰論」の主張は一方的に批判の声が強かったため、豊かな議論の契機とはならなかった。一方、一九二三年に起こった関東大震災のときにも、同様に「天罰論」が示され、そのときは議論が大いに盛り上った（渋沢栄一『万朝報』一九二三年九月十三日）。その時代の理解や意見のいくつかを拾いながら、この議論を豊かにできるか試みたい。

## 四 天罰論の歴史と仏教者の応答

一九二三年、関東大震災が起きた。死者は十万人以上。翌日の未明には、火炎によって、関東平野で四六・四度という気温が観測されたという。

この関東大震災の復興に尽力したのが、財界のリーダー渋沢栄一である。渋沢は、幕末期に埼玉の豪農に生まれ、千葉道場（千葉周作によって開かれた道場、坂本龍馬をはじめ、幕末の志士が集った）で剣術を学んだことがきっかけとなり、尊皇攘夷運動に参画した。その後、一橋家の家臣により見出され、徳川慶喜に仕えて明治維新を迎える。

明治維新後にはフランス留学経験の豊かな知見を活かし、新しい国づくりに積極的に関与し、「日本の資本主義の父」と呼ばれた。みずほ銀行、東京海上火災、帝国ホテル、日本赤十字社、キリンビールなど数百社の設立に関わったと言えば、その傑物ぶりが知られようか。また、財閥を形成せず、富を社会に還元する視点をもち、熱心に社会事業を行った篤志家としても知られている。その渋沢が、関東大震災の復興に身を投じるとともに、「天譴論《てんけん》」すなわち今でいう「天罰論」を提起したのである。その内容は、「近来政治界は犬猫の争闘場」（『万朝報』一九二三年九月十三日）、すなわち政治が犬猫の喧嘩のようであり、**風紀も堕落してしまったから、このよう**

**な天罰としての震災が起こるべくして起こった**のだというものであった。この発言がきっかけとなり、天罰をめぐる議論が沸騰していくこととなる。

当時の『婦人公論』紙上の震災特集を読むと、「天譴論」についての賛否を見ることができる。政治家や実業家にとどまらず、作家・評論家・思想家・仏教者を含む宗教者を巻き込み、数多くの反応がなされている。反応には、好意的なものも多い。キリスト者内村鑑三は、地震を自然現象としつつも、地震を契機として、日本の廃頽・堕落についての批判を行った。同様の「天譴論」への部分否定が、仏教者からもなされている。

仏教学者の木村泰賢（東京帝国大学教授）の「天譴論」批判はこうだ。地震国の日本に百年に一度このレベルの震災が起こることは当然であって、しかも木造建築が多ければ容易に大火となることもまた自然である。これをあえて特殊の天意に帰すべき理由はない、と。そして「**災害に対する平常不注意の責は日本人、全体にあつた**」ことを考えれば、今回の災禍は「天譴」ではなく「共業所感」（わたしたちの社会を作り出す行為が原因となって、皆でその酬いを受けたもの）と捉えるべきだと述べる（『太陽』二九―一三、一九二三年）。

木造が多くて燃えやすかったことを、「共業所感」という仏教の教義語で説明したのだが、震災を受容するための「思想」としてその後につながってはいかなかったし、今回の震災でも「共業」で説明されることはなかったようだ。なぜか。

天意ではなく「被害が大きくなる原因が、人々の不注意のせいだ」というのは、人間を超えた**天や神といった「他者」が不在の論理**でもあり、よく考えると、わざわざ宗教的な言説で語るほどのことでもないだろう。意地悪な見方をすれば、仏教の権威的な表現を用いて説明したにすぎないとも言える。

以上、「天罰論」の歴史的な経緯を、ごく簡単に見てきた。時間的・歴史的な視点で俯瞰するなら、鎌倉＞関東大震災≫東日本大震災。こんな感じなのであり、時代が現代に近づくとともに天罰論は弱まっていく。これは、既述の通り、科学によって地震の原因が明確に説明されたからだろう（だからこそ、科学が原因を解明していないときに、親鸞聖人が天罰論に与しなかった意味は重要だが、長くなるので割愛）。もし今後、科学が地震や津波を完全に予知できるまでになり、被害が極小化するようなことがあれば、天罰論はいっそう後退し、おそらく跡形もなく消えていくに違いない。編集者の失笑さえ失われてしまうだろう。

しかし、「天罰論」に登場した「他者」を取り出し、少し違う視点から再考したいと思う。**自然現象を高みから操る天という「他者」ではなく、実際に震災の現場に生起した「生者」と「生者」との関係としての「他者」、「生者」と「死者」とを取り結ぶための「他者」について考え、**そこに関与する仏教者のあり方について提起したいと思う。

## 五「歎き」から生まれる公共性

「天譴論」に対する反応をあれこれ見ているなかで、とても面白い文章に出会った。芥川龍之介の文章である。小説家の芥川も「天譴論」に反応し、批判していたのだ。

天譴とは人間の過失に対してなされる天からの警告・罰則である。しかし振り返って「脛《すね》に疵《きず》のない人間」などいないはずなのに、なぜに家族を失う人と家すら焼けない人との相違が生まれるのか。芥川は「誰か又所謂天譴の不公平に驚かざらんや。不公平なる天譴を信ずるは天譴を信ぜざるに若《し》かざるべし」と喝破する。天譴などという必要はない。自然は人間に冷淡なのだから。


我等は皆歎くべし。歎きたりと雖も絶望すべからず。絶望は死と暗黒への門なり。〈中略〉同胞よ。面皮を厚くせよ。「カンニング」を見つけられし中学生の如く、天譴なりと信ずること勿れ。〈中略〉同胞よ。冷淡なる自然の前に、アダム以来の人間を樹立せよ。否定的精神の奴隷となること勿れ。（『改造』五―一〇、一九二三年）

これを読んだとき、思わず声が洩れ出た。芥川は「罪無き者まで罰を受けるのはおかしい」と言わなかった。「みんな、後ろめたいことがあるじゃないか、それが人間だ」と言う。これが、被災地の現実と響き合うと思った。

生き残った人々は、「なぜ、私は善良なのに」などとは問わない。自分の罪深さを責め、救えなかったことへの自責にさいなまれ、「代わりに私が死ねば良かった」と歎く。芥川の言葉は、とりわけ、こうした生き残った人々の思いと響き合う。

「あなたたちは善良だから」では、「なぜ罪深い私が生き残って、あの人が死んでしまったのでしょうか」という被災地で生まれている問いを封じ込めてしまう。歎くことができなくなる。逆に「誰だって脛に疵があるじゃないか」という言葉は、まず発言者が自らを善良の側に置いていない。つまりは、きれい事にしていない。ありのままの私からの応答であるから、話し手と聴き手との間で響き合う可能性が生まれてくる。深い悲歎の中で生死の奥底を覗き込んだ者にとって、飾られ、取り繕われた建前の言葉は通じにくい。その意味で、芥川の言葉には当事者への眼差しがある。「歎き」を発することを誘う発話になっている（「天罰論」批判は、たいてい、逆の立場を取る）。

大きな悲歎の中にある人は、「伝わらない」「誤解される」という不安と、たいていは、「聴いてもらえなかった」「無視された」という孤独を抱えている。そのため、言葉を失いがちである。「公共性」は、そうした人への**応答**を大切にする。

言葉を失いがちな人は、排除されやすい。「公共性」は、こうした排除されている誰かを見つけ、そこに眼差しを向け、失われた言葉を受け止める。そして、一人の人間としての尊さを回復させていく原理として提起された。「公共性」は、誰も応答のない孤独な世界へ追いやってはならないと主張する。このことを、私的なところだけに閉じ込めないという意味で「公共」という。

しかし、そもそも私たちに、心を「共にする」ことはできるのだろうか。筆者は、「見てくれる他者、聞いてくれる他者」「他者のいる公共性」などと、**親しみの薄い「他者」＝違う者という言葉を、あえて用いてきた。人間は、互いに肉体的に分離し、自己へのとらわれから離れがたい、そのため互いに「わかり合えない」**。そのことを表すために「他者」という言葉を用いてきた。どこまでも、私たちは、互いに「他」であることを離れることはできない。とりわけ大きな悲歎や苦悩、深い闇においては、「わかり合えない」ことが、身を切られるほど切実に感じられる。誰にでもこうした経験があるだろう。――それでは、他者どうしは、どのように関わっていけるのだろうか？

『ボランティア僧侶』で活動を紹介した金やんは、仮設住宅の訪問活動をしているとき、一人の女性に「おらのことわかるのか」と問い詰められる。金やんは、この言葉に追い詰められ、後ずさりし、半分やけっぱちの、ギリギリのところで「わかりません」と本心を露わにする。女性は応答する。「そうか。わからんよな」と。そして、金やんは部屋へと招き入れられたのである。「他者」の心はわからない。**「わからない」のは、一人として同じ存在はいないからだ。**その「わからない」ことを聞こうとする姿勢の中に、「他者」を「わかり合えないたった一人」「誰とも違う者（＝かけがえのない存在）」として尊重する姿勢が現れ出てくる。大きな悲歎を抱えている人は、「わかってもらえない」ことに直面し続けている。そのことを前提として認めたからこそ、扉が開かれ、金やんは部屋へ入ることが許されたのだ。

このように、他者として応答していくところに「独りではない状況」が生まれる。すなわち、多様で異なった者どうしが社会を作り、その違いを排除しない「公共性」が再生されていく。そして、「他者」の原理を元に、悲歎に向かい合うことにおいて、僧侶は大切な役割をもちうると訴えたい。

僧侶は、悲歎に向かい合う場を数多く経験する。とくに、「死の悲歎」へ対峙する。通夜や葬儀、ご法事の場で、遺族のいたたまれない死別の悲歎に向かい合う。言葉が失われるようなことも多い。

大きな悲歎や深い闇に向かっては、僧侶だけでなく、誰もが、心を閉ざしがちである。話をすり替えたり、聞こえないふりをしたり。ときには「励まし」や「常套句」によって、歎きを封じ込めてしまう。だからこそ、**そこから逃げ出さず、沈黙にたじろがず、かたわらで待ち続け、本心で応答する誰かが切実に必要とされる。**大切な人の死を、たった一つの死として受け止めてくれる、すなわち「他者」というあり方を自覚して、「公共性」を作り出す僧侶の存在が求められている。「生」と「死」とを分離させて考えない僧侶は、「死」についての悲歎を語る相手になりうるだろう。また、その語りを外に開き、「宗教的な語り」として「社会」に訴えていくことも要請される。「復興」も、そこから始まっていかなければならない。当事者のいる「復興」のためには、「聴く」ことを実践した宗教者が、宗派や教団のネットワークのなかに、感情の伴った語りとして、それを伝えていかなければならない。

この点については、川村氏が担当する第四章で論じられることだろう。

## ❻「心」という感覚器官と他者

津波を背にして私に向かって手を振った夫の姿を夢に見る。

夫は、徒歩で津波から逃げている老婆を車に乗せるために車から降りた。バックミラーを覗くと、津波を背にした夫が見えた。何か言っている。口の形はわかるのだけれど聞こえない――そこで夢が覚める。

夫は、死んでいる。存在していない。しかし、夫は繰り返し、何かを私に語り続けている。

死ぬとは、この世界に存在しないこと。生きているとは、この世界に存在していることだ。この存在していることと存在していないこと、生きていることと死んでいることという二つの要素で世界は構成されているというのが、世俗に流通した一般的な感覚だろう。

二つに分けるという私たちの思考様式には、「私」と「私でないもの」とを区分けする人間の原初的な認識が反映されている。「オギャー」とお母ちゃんのお腹から生まれ、だんだんに感覚器官が機能しはじめる。この感覚器官の目覚めによって、私に「外側」があることが認識されはじめる。そして、「内側」である「私」が生まれる。この分離個体期と呼ばれる反応は生後六ヶ月から始まり、これとともに「自己愛」が生まれてくる。今や、「内と外」に二分されていない世界——自己愛の無い世界——は、記憶にさえ残っていない。微かな至福の記憶を除いて。

七つの孔を開けたら、混沌が死んでしまったように、まさしく私たちは混沌の失われた世界を生きている。「私」は、私と私以外とが分離する時間しか生きていないので、私以外の存在に対して「閉じる」というあり方を離れることは難しい。だから、前節で述べたように「他者」としてしか、交われない。

また、五感が生じることによって、五感で感じられるもの、すなわち現実に存在するものと、存在しないものも区分けするようになる。そして、存在しないものは、五感によって感じられない「不確かなものの領域」へと追いやられてしまう。感覚によって感じられる存在の世界こそが、私たちが生きている「現実」の世界となっていく。

しかし、仏教は、実は六番目の感覚器官があると説く——目と耳と鼻と舌と皮膚感覚と、そして六つ目は「心」。「どっこいしょ」というフレーズは、「六根清浄《ろっこんしょうじょう》」に由来すると言われている。六根の「根」とは感覚器官のことで、その六番目が「心」なのだ。六根清浄とは、六つの感覚器官が欲望にまみれないように、ということを意味している。

六つ目の感覚器官が「心」であるとすると、世界はどんなふうに変わっていくのだろうか。

この節の冒頭には、津波で亡くなった夫から問いかけ続けられている女性のことを取り上げた。女性が見る光景は、目で見られているものではない。「心」によって感じられているものだ。彼女は、他の五つの器官によってさまざまな認識を作りながら生きているが、どんなものよりも、この光景ははっきりと、また繰り返し感覚され続けている。その光景の真ん中には、亡くなられたご主人がいる。こんな大切なものを、「記憶」にして忘却の対象にしてはいけないだろうし、ましてや「不確かなものの領域」に追いやったり、現実ではないと存在以下に貶めたりしてはならない。この存在によって貶められがちな「心」が感じる確かさを、承認し、大切に受け止めていくことが、第六根を「心」とした仏教者の大事な責務であろう。

それだけではない。浄土に生まれた者は、すでにお浄土から応答していると浄土教は説く。死者ではなく、仏として有縁の者にはたらきかけているのだ。もし、存在しないものと認識されたら、浄土への応答も失われ、仏さまからも公共を奪い取ってしまうことだろう。

また、慣習的に念仏者は「死ぬ」という言葉を避け、「往生する」と表現してきた。お浄土へ生まれたかどうか、この俗世に生きる者に知る由もない。それでも念仏者は、死者を「存在しないもの」と扱わなかった。そのように表現して、「死者」を応答不可能な領域へ追いやらなかったのである。

この「心」だけが認識できる「死者」を、もう一つの「他者」と呼ぶ。前節で見た「他者」という「私以外の存在」も、ここの「心」だけで認識される「死者」も、五つの器官によって閉じられてしまった世界だった。だから、「他者」という同じ概念の中に入れて考えたい。そして、できることなら、悲歎に陥った人々に「他者」が必要であったように、仏と、この世界に生きる人々とが響き合うような宗教的な「公共性」を、「心」によってしか開くことができない「公共性」を、生者と死者との関係から考え、表現していきたいと思う。

本節の最後に一言——被災地では、「幽霊」の話を聞くことが多い。しかも、幽霊に会えない人が「幽霊に会いたい」と言ったりする。もちろん、いなくなったあの人からの応答を感じたいのだ。しかし、会えない。これも、もしかすると、私たちの日常が五根の牢獄に閉じ込められているせいかもしれない。

かつて、私たち僧侶は修行を通して仏さまや菩薩さまに出遇ってきたと、近代以前の仏典は伝えている。今、会えないのはなぜなのか。私たち僧侶までもが、「他者」が消された、存在だけから構成される「現実」という世界だけに生きているためではなかろうか。

## ❼生者と死者との応答

震災の後、『花は咲く』という曲が繰り返し、テレビから流れた。宗教人類学者の山形孝夫先生から、この曲の歌詞は生き残った人と、天国へ行った人との応答であるとお聞きした。

歌詞の内容を思い出してほしい。

最初の登場人物は、春風香る真っ白な雪道に立ち、懐かしいあの人を想起している。そして、誰かの歌声を聞くのだ。誰かの励ましが聞こえてくるのだ。もちろん、この声は耳で聞かれたものではない。そして「花は咲く」という主題に織り込まれるように、もう一人の登場人物が現れてくる。彼は歌う。これから生まれてくる子どもたちに何を残せただろうかと。この「過去形」でしか歌えない二番目の登場人物は、この世界から失われた人である。しかし、「花は咲く」という主題に象徴されるように、もう失われることのない、残された私を、つねに包み込んでくれる永遠でもある。

この生者と死者（他者）との応答の詩に、寂しさだけでなく温もりも感じたのは私だけではないだろう。死者を「他者」とし、そこからの応答があると受け止めていくなかには、悲しさだけでなく、私たちの生存を根本の部分から支えてくれるような温もりがある。悲しさと温もりとが一つとなっていることこそが、人生が与えてくれる最高の贈り物ではないかと、一人の僧侶として感じることがある。それは、まぎれもなく「他者」から贈られてくる。

第六番目の感覚器官「心」を説いた仏教は、死によって遠ざけられる「他者」を、お葬儀やご法事を通して大切にしてきた。僧侶は、この悲しさと温もりを湛える「他者」の世界を開く教えをもっている。「他者」が受容され肯定され、その思いをもつ人に応答していくことによって、それに支えられた「生」の再生が可能になっていく——「死者」を、非存在から「他者」へと導き入れ、私が仏という「他者」の世界に参入していく〈宗教的な公共性〉を開くのが、僧侶の大切な役目ではないか。

大きな災害が起きたとき、社会全体へ響くことのできるメッセージを届けたい欲求に駆られる。しかし、**社会全体へと投げかけるメッセージは、ときどき、当事者を排除してしまう。**そのことを発題とし、「他者」「公共性」という現代思想の概念を借りて、自然災害から再生していく道のりを、宗教や仏教から創り出していけるのかを考えてきた。しかし、残念ながら、他者の傍らにとどまり、他者に開き、他者を開く活動が、社会を揺り動かしている気配は感じられない。活動そのものがないのか、活動を社会へ開くシステムが機能していないのか。それとも、絶望的なことだが、社会を固定させ、声を響かせない壁を生み出す側に荷担しているのだろうか。

日本は、災害の多い国だ。新しい災害や他の大きな事件が起きると、忘れられてしまうことも多い。僧侶だけでなく、被災地の外にいる人が、「他者」として触れ合うこと、亡くなった人を遠ざけないことに少しだけ配慮して、被災地の「誰か一人」に「忘れてないよ」とじかに声をかけていくと、すごく良いと思う。

「誰かの歌が聞こえる」——その声が失われたとき、生きていくことが困難になるので。

コラム

# インド宗教の「びっくり」公共性

尊敬するN先生は、インドに、二つお寺を建立した。最初にお寺を建てたときは、「お寺に人が来るだろうか」と不安だったが、次々に、相談する人が訪ねてきたという。まだ英語が上手でなかったN先生は、「イエ〜ス、イエ〜ス」と言って微笑んでいたら、何でも聞いてくれる出家者がいると評判になり、いっそう多くの人々が集まってきたのだそうだ。

N先生曰く「インドには、朝七時から夜の八時まで、お寺の門を閉じてはいけないという法律があります。なぜなら、お寺は、人々が来て、いろいろと相談する場所だからです」。確かに、N先生の寺には、朝から夜までいろいろな人がふらりとやってくる。また、お寺の上は、快適で安価な宿泊施設になっているので、世界中から仏教に関心をもつ人々が来て、一日中ワイワイガヤガヤやっている。仏教が誕生したインドこそ、宗教の公共性が浸透し、お寺が本当の公共圏を作っている国なのかもしれない。

（F）

三

CHAPTER 3

# 原発の是非の倫理的問いと宗教界の声

## ――仏教は原発に反対声明を出すべきか？

島薗　進

声が響き合う場所＝公共圏を作り出そうとする弛《たゆ》まぬ営為のある場所に、公共性は生まれる。はたして宗教界からの声は社会に響いているのか？　宗教は何について、どのように発信すべきか――原発への対応を丹念に追いつつ、宗教が作る公共圏の可能性を探る。

# 一 原子力市民委員会『原発ゼロ社会への道』

二〇一四年四月十二日、原子力市民委員会は『原発ゼロ社会への道――市民がつくる脱原子力政策大綱』を公表した。原発が倫理的に受け入れがたいものであり、原発ゼロ社会が現実的な選択肢であることを示し、その選択にそって必要な法的・政治的措置を丁寧に示していこうとしたものだ。その後、簡易版の『これならできる原発ゼロ！　市民がつくった脱原子力政策大綱』（原子力市民委員会編、宝島社、二〇一四年六月）も刊行されている。

この文書を作成した原子力市民委員会は、科学者・研究者、市民、ジャーナリスト、弁護士らが加わり、一一人の委員、二二人のアドバイザーらによって構成されている。座長は舩橋晴俊氏（法政大学教授、社会学者）、座長代理は吉岡斉氏（九州大学教授・前副学長、元政府事故調委員、科学史研究者）が務め、私も委員の一人として加わっている。二〇一三年の四月に設立され、集中的な審議を重ねて同年十月に「中間報告」を公表し、それをもとに全国各地で市民・専門家との意見交換を数多く重ね、二〇一四年四月十二日「脱原子力政策大綱」の公表に至った。なお、その後、舩橋氏が急逝したため、座長は吉岡斉氏に替わっている。

刊行の翌日、四月十三日には、東京の国立教育会館で脱原発フォーラムが行われ、八四〇人が参加した。壇上には原子力市民委員会のメンバーの他、日本学術会議の大西隆会長、ＪＡ全中の村上光雄副会長、東海村の村上達也前村長、福島県生協連の佐藤一夫専務理事らが『脱原子力政策大綱』の意義について、またこれを踏まえた今後の課題について語り合った。東電福島原発災害の被害と復興の問題に関わってきた福島大学の若手教員や福島原発告訴団の武藤類子団長の発言はとくに聴衆の心を揺さぶった。

『脱原子力政策大綱』は、長期的なエネルギー転換や放射性廃棄物の処理・処分の展望を考えれば「原発ゼロ社会」を選ぶのが妥当だとしている（第三章、第五章）。また、短期的には、安全性に確かな配慮をすれば再稼働は容認できないこと、事故収束のための考え方を改めるべきこと、原発作業員の雇用形態を改め健康管理を徹底すべきこと（第二章、第四章）などを説いている。これらは、現今の政府側や原発推進側の論や施策と比べて道義にかなっているとともに、現実的でもある判断として示されている。個々の問題は、福島原発事故後、さまざまに論じられてきたものだが、この『脱原子力政策大綱』では、それらの問題が包括的に取り上げられ、一貫した論述にまとめ上げられている。

## ❷原子力発電の倫理的欠格

だが、そもそもなぜ原発の継続が適切でないか。それはコストや経済の問題からだけでは論じきることができない。序章「なぜ原発ゼロ社会を目指すべきなのか」では、原発がとても回復できず賠償もできないような巨大な被害を招くハイリスク事業だという難点などをあげて、法律によって廃止すべきだとしている。しかし、最も重要な難点として「原子力発電の倫理的欠格」をあげている。このような倫理的観点が前面に提示されるについては、日本の、また世界の宗教界からの声が一定の役割を果たしたと私は考えている。

ドイツのメルケル政権は二〇一一年五月に「ドイツのエネルギー大転換——未来のための共同事業」という報告書をまとめ、国を挙げて脱原発への歩みを押し進めていくこととなった。この報告書をまとめた委員会は「安全なエネルギー供給に関する倫理委員会」と名づけられた。ドイツは倫理的な判断によって脱原発を決めたのだが、こうした考え方を受け入れるにあたってはドイツのキリスト教界の取り組みが大いに影響を及ぼしている。そこでは、地球環境の持続可能性と未来の世代への責任が基調をなす考え方となっている。

『脱原子力政策大綱』もこのドイツの倫理委員会の立場を支持し、「原子力過酷事故の被害規模は計量不可能なほど大きく、また生み出された放射性物質はのちの世代にも負担は強いるので、原子力発電は倫理的観点からは認められない」とする。そして、日本では核爆弾による惨禍を経験し、このたび、また原子力過酷事故の試練に直面したから、「核技術に対して示す倫理的判断は、より強固かつ予防的なものであってしかるべきである」と述べている。倫理的判断を下すには歴史的経験の適切な振り返りが役立つことが多いが、「脱原子力政策大綱」もその立場をとっている。

## 三　原発の倫理的批判の諸側面

倫理的判断を重んじる「脱原子力政策大綱」の立場は、福島原発事故被害をどう受け止め、どのような復興を目指すのかという問題を論ずる章（第一章）でも示されている。福島原発からの復興について、政府側は産業の復興を重んじ、たとえば巨額を投じてがん治療施設を建設することを掲げている。他方、帰還の促進を急ぎ、帰還を選ばない人たちへの支援を打ち切る措置を取ろうとしている。こうした物財中心の復興は、避難地域の住民と社会学者の討議で明らかにされているように、「人間なき復興」とならざるをえない。これに対して、「脱原子力政策大綱」では「人間の復興」を目指すべきだとしている。「被害者一人一人が尊ばれ、良き生活への希望を取り戻し、それを創り出すことができるような」復興のあり方である。

また、「脱原子力政策大綱」は終章で、「「原子力複合体」主導の政策決定システムの欠陥と民主的政策の実現への道」を示してもいる。「原子力複合体」とは「原子力ムラ」とも呼ばれるもので、政財官から学界・報道機関までを巻き込み、原発推進勢力が一体となって特殊利害の追及を行ってきた体制だ。「原発マネー」で人々の同意を取り付けるようなシステムは民主主義的な公論の形成に反するもので、倫理的にも支持できるものではない。原発をめぐり道義にかなった政策決定の仕組みを目指すことは、脱原発への歩みを進めることと表裏一体のものとなる。

## 四 大飯原発差し止め訴訟判決

「脱原子力政策大綱」が公表されて、一ヶ月余り後、福井地方裁判所は、関西電力に対して、大飯原発の「運転をしてはならない」との判決を言い渡した。この「大飯原発差し止め訴訟」の原告団代表であり、真言宗御室派明通寺の住職でもある中嶌哲演氏は、この判決が「原発から二五〇キロメートル圏内の原告のかけがえのない「人格権」を根拠に」している点に注目している（「置きざりにされた倫理的責任」『中外日報』二〇一四年六月四日号）。中嶌氏は、福井地方裁判所が示した「人格権」という根拠は、この問題の倫理的次元を尊ぶという考え方に則ったものだと受け止めている。

かつて置き去りにされ、現にされているのは、何よりも「倫理」ではないでしょうか。あり得ないことですが、仮に安全運転の条件が満たされても、後の数千世代に新たな負担を強いる死の灰などを増加させることになる一事だけでも、またフクシマの惨禍をもたらした以上、再稼働は断じて許されるものではありません。原発現地の後世代への巨大な負の遺産、過疎地に原発群を押し付けてきた大電力消費圏、五十万人をこえる被曝労働者の犠牲、放射能災害弱者の子どもたちへの被曝強要、海外輸出、全環境・生命の汚染や被曝。

それらへの倫理的責任を「自利利他円満—少欲知足」の仏教精神に照らしつつ問い直し続

けていく必要があります。（同前）

『中外日報』は週三回刊行されている宗教界の情報紙だが、二〇一四年六月四日、「宗教界はどう受け止めるのか　原発ゼロ社会への道——市民がつくる脱原子力政策大綱」という特集を行っている。原発問題の倫理的次元について、宗教界に応答が期待されていることを反映した企画と言えるだろう。

ところで、中嶌哲演氏は一九九三年に結成された「原子力行政を問い直す宗教者の会」のメンバーでもある。この団体は仏教とキリスト教を中心に、さまざまな教団と関わりをもつ宗教者が連携して、長期にわたって原発問題に取り組んできた。このような宗教者の連合体による持続的な取り組みが、福島原発後の宗教教団や宗教者による問いかけの基盤を形作ってきた。二〇一二年七月十三日にも、超宗教・超宗派数十名の宗教者により、「宗教者は原子力発電所の廃止を求めます」という文書が公表されている。

## 五　全日本仏教会の宣言文

日本の宗教団体のいくつかは、原発災害を踏まえ脱原発に向けて声を上げてきており、そこでは倫理的な次元が重視されている。早い時期のものとして、全日本仏教会が二〇一一年十二月一日に公表した宣言文「原子力発電によらない生き方を求めて」がある。そこでは、「日本は原子爆弾による世界で唯一の被爆国であります」と述べ、「私たち日本人はその悲惨さ、苦しみをとおして「いのち」の尊さを世界の人々に伝え続けています」と述べている。また、「利便性の追求の陰には、原子力発電所立地の人々が事故による「いのち」の不安に脅かされながら日々生活を送り、さらには負の遺産となる処理不可能な放射性廃棄物を生み出し、未来に問題を残している」という事態を強調している。

続いて宣言文は、仏教的な精神が願う平和という点から、原発によるいのちの侵害が容認できないものであることを述べている。

全日本仏教会は仏教精神にもとづき、一人ひとりの「いのち」が尊重される社会を築くため、世界平和の実現に取り組んでまいりました。その一方で私たちはもっと快適に、もっと便利にと欲望を拡大してきました。その利便性の追求の陰には、原子力発電所立地の人々が事故による「いのち」の不安に脅かされながら日々生活を送り、さらには負の遺産となる処理不可能な放射性廃棄物を生み出し、未来に問題を残しているという現実があります。だからこそ、私たちはこのような原発事故による「いのち」と平和な生活が脅かされるような事態をまねいたことを深く反省しなければなりません。

そして最後に、この宣言は「原発によらない生活を求める」根拠が宗教的な精神に基づくものであることを示している。

私たち全日本仏教会は「いのち」を脅かす原子力発電への依存を減らし、原子力発電に依らない持続可能なエネルギーによる社会の実現を目指します。誰かの犠牲の上に成り立つ豊かさを願うのではなく、個人の幸福が人類の福祉と調和する道を選ばなければなりません。
そして、私たちはこの問題に一人ひとりが自分の問題として向き合い、自身の生活のあり方を見直す中で、過剰な物質的欲望から脱し、足ることを知り、自然の前で謙虚である生活の実現にむけて最善を尽くし、一人ひとりの「いのち」が守られる社会を築くことを宣言いたします。

倫理的な判断が示されているが、そこに宗教的な思考法につながるような内容が含まれている。たとえば、①原発が「「いのち」を脅かす」ものであること、また、②「誰かの犠牲の上に成り立つ」ものであることを重視しているところ、さらに、③「個人の幸福が人類の福祉と調和する道」を求め、④そのためには一人ひとりが「足ることを知り、自然の前で謙虚である」よう志すことを訴えているところだ。

## ❻仏教教団や仏教者からの声

その後、仏教界では、いくつかの教団等から脱原発を求める宣言や声明が出されている。教団からのものとしては、真宗大谷派の「すべての原発の運転停止と廃炉を通して、原子力発電に依存しない社会の実現を求める決議」（二〇一二年二月二十七日）、立正佼成会の「真に豊かな社会をめざして――原発を超えて」（同年六月十八日）、臨済宗妙心寺派の宣言「原子力発電に依存しない社会の実現」（同年九月二十九日）などである。

曹洞宗、浄土真宗本願寺派、日蓮宗、真言宗、天台宗などの宗派からは教団としての声明や宣言は出ていない。全日本仏教会も二〇一一年十二月一日以降は、まとまった意思表示は行っていない。各宗派の内部には原発が必要だと考えている人々がおり、また、宗教団体が政治的な問題

に発言すべきではないという考えの人々もいる。脱原発の意思表示を行おうとすると、反対意見や慎重意見が出てきて宗派内をまとめきれないという場合が多いと推測される。

また、宗教団体のリーダー個人の発言が伝えられることもある。浄土真宗本願寺派の大谷光真門主（当時）は早い段階で、「後の世代に犠牲を強いて、今の経済的豊かさを優先する生き方は仏教から見ても大きな問題です」、「文明そのものの問題として、人間の知恵の範囲内でできることをすべきではなかったかということです」と発言したことが伝えられた（『中外日報』二〇一一年十一月一日号）。

大谷光真門主はまた、二〇一二年七月二十日の宗教倫理学会の研究会で、「私的発言」と前置きして原子力発電は「倫理的宗教的に問題」と述べたとも報道されている（『佛教タイムス』二〇一二年七月二十六日号）。それによると、同氏は二十年以上前から「原発は人間の処理能力を超えたものとの認識をもっていた」という。この記事はさらに、以下のように同氏の論旨を紹介している。

一番の問題は「トイレのないマンション」と使用済み燃料の処理方法がない点を指摘。「そんなものをどうして許したのか。原発以外で廃棄物を処理する方法がないから溜まる一

方でよろしいというものがあるだろうか」と疑問を呈し、「それほど歪んだ発電事業である」とした。

さらに「昔の人は孫の代が使う木を植えた。今の人は自分が使えるものは使って孫にはゴミだけ残して、こういう生き方そのものが私自身にとって非常に辛い」「廃棄物だけ残していくのはとても倫理的宗教的に問題である」と語った。

この発言内容に相応する考えは、大谷光真『いまを生かされて』（文藝春秋、二〇一四年三月）の「あとがき」にまとめて述べられている。この著書は、同年六月に門主を退任するに先立って刊行されたもので、「はじめに」には「退任のあいさつに代えて」と添えられている。

## ㊆大谷光真前門主が捉える原発の非倫理性

『いまを生かされて』の「あとがき」では、三つの点で原発は「未解決の根本問題」を抱えていることが示されている。「第一に、現在の科学技術では、放射性廃棄物の無害化ができないことです。」放射性廃棄物が人類にとって危険でなくなるまでに、数万年から十万年、あるいは百万年かかるという。「原子力発電所の建設では、目先の利益に心を奪われて、将来のことが疎かにされたとしか考えられません。」「仏教的に見れば、長い時間軸で物事を考えていないといわざるをえません。」これは原発だけではなく、昨今の内外の情勢に広く見られる問題に通じている。政治の動きを見ると、「あとは野となれ山となれです。自分の子や孫の世代のことさえ、真剣に取り組まれていません。」

「第二に、一度大きな事故が起これば、対処できなくなる可能性があることです。今回の事故は、その典型といえるでしょう。」処理できない事柄を背負ってしまったが、それでももっとひどい事態にならなかったのは幸いと見なくてはならない。「人間のすることには完全ということはありえません。浄土真宗では、とくに「凡夫」ということばで言い表してきましたが、そのことを承知で、原子力発電を実用化すべきかどうか議論が必要でした。」日本は世界でも有数の火山・地震・津波国だ。自然環境が人間の制御を超えた事態を引き起こすことはよくわかっていたはずだ。「諸行無常が当てはまらない場所などあるでしょうか。」

「第三は、原子力発電所を運転するためには、平常時でも、一定数の労働者の被曝が避けられません。同じ給料で他に仕事があれば、危険な仕事を好むはずはありません。やむを得ず被曝を覚悟してはたらく人、弱い者が犠牲になります。」今後、国内で人が集まらなくなれば、経済状態の良くない外国から、労働者を入れることになりかねない。「差別の国際化が進むでしょう。それが美しい国のすることでしょうか。賢い国のすることでしょうか。」

## 八　仏教から示唆される倫理性

以上、三点をあげた上で、大谷氏は「阿弥陀如来に願われる「われら」として」という見出しの下に次のように述べている。

人間には限りない欲望があります。時代を遡るほど、外部からの物理的・社会的制約が大きかったため、おのずから欲望に歯止めがかかりました。しかし、現代においては、知能がはたらき、さまざまの制約が取り除かれ、欲望がそのまま実現するようになりました。

それでも人間の知能は不完全であり、欲望の実現から生じる負の結果を十分制御できません。その極端なものが核エネルギーの利用でしょう。いま必要かどうかだけで物事を決めず、将来の人類はじめ生物の生存と調和することができるかどうかを考慮しなければ、人類の将来はないと思います。欲望をなくすのではなく、調和できる方向に導くことこそが課題です。

そのためには、日常生活の損得を超えた価値観が必要になります。仏教の目指すさとり、すなわち仏に成ることはそのヒントになると思います。

ここで、大谷氏は原発の非倫理性に目をこらし、それを超えていくには「日常生活の損得を超えた価値観が必要」であり、仏教はそれを提示できるはずだと述べている。

大谷氏は浄土真宗本願寺派の門主という地位を意識しながらも、一人の仏教者として原発の倫理的問題がどこにあるかを明示し、それを克服していくための倫理性が仏教、広く言えば宗教に求められる所以を述べている。福島原発事故後、多くの宗教教団や宗教者が原発の非倫理性の問題を論じ、脱原発を訴えてきたが、大谷氏の論は際立って説得力ある叙述と言ってよいだろう。宗教者個人としての考えを述べるという形をとったことによって、鋭く明快な叙述が可能になったと言えるかもしれない。

## ㊈ 仏教は原発に反対声明を出すべきか?

原発の是非が倫理問題であるという認識は広く分け持たれるようになってきている。原子力市民委員会の『原発ゼロ社会への道――市民がつくる脱原子力政策大綱』や大飯原発差し止め訴訟判決の内容は、そうした認識の広がりをよく示すものである。そして、市民団体や諸分野の学者や裁判所も、そうした認識を反映した言説を提示するようになってきている。

そのなかで、宗教教団や宗教者がそれぞれの立ち位置から応答しようとしてきているのは、自然なことだ。脱原発の宣言や声明がいくつかの仏教教団から出されたことは、倫理問題を問うている公衆にとっても頼もしいものだっただろう。教団として発信される場合には、多くの人々の知恵が寄せられたことによる強さがある可能性があるが、他方、一致できない論点に妥協を加えたりするうちに、言わんとすることが不明確になるということもあるかもしれない。他方、宗教者がそれぞれの考え方にそって意見表明を行う場合には、鋭く明快な論述が可能になるが、必ずしも共有されている信念や考え方を反映したものにはならないこともある。教団の指導者が意見表明を行う場合には、個人による発信であっても集団の意思を反映している度合いが強く大きな影響力をもつことができるだろう。

「反対声明」という形をとるかどうかは、それぞれの教団の組織や意思結集のあり方によって一様ではないし、そうなる必要もない。だが、宗教界、仏教界からの意見表明は、市民社会や公共圏全体にとって大きな意義をもつ。政治的な論題だが倫理性が深く関わっているような問題については、宗教的な次元を踏まえた応答が必要と感じられる。これはある種の生命倫理の問題や平和に関わる問題と同様である。

政治が平和やいのちを脅かすような方向に向かっているときに、宗教界が公共空間にその声を響かせることができるかどうかは、その社会の精神文化の力量を示すものとなるだろう。倫理的な問いが関わる重要な問題に、宗教的な次元を踏まえた声が聞こえないということは、市民社会にとって大きな欠落である。昭和初期の日本では、国が誤った戦争の道へと進むことが見えていながら、宗教界はそれに抵抗することなく国策への協力の姿勢をとる傾向が目立った。戦後、十分ではなかったにせよ、そうしたあり方への反省を深めようとする努力も積み重ねられてきた。

市民社会が直面する倫理的な問題について、宗教的な観点を踏まえた考え方が提示されることは、豊かな公論の展開に大いに貢献するはずである。原発をめぐる倫理的討議を深めようとする多声的な公共空間に、今後、ますます力ある宗教的な声が響くことを期待したい。

付記　この稿は、「倫理的欠格が原発の難点：宗教的な観点から考え、討議を深めたい――「原発ゼロ社会への道」を示す　原子力市民委員会『脱原子力政策大綱』」（『中外日報』二〇一四年六月四日号）の一部を用いている。また、本章の内容は、以下の拙稿に関連している。

「福島原発災害後の宗教界の原発批判――科学・技術を批判する倫理的根拠」（『宗教研究』三七七号、二〇一三年九月）

「科学技術の利用の倫理的限界と宗教の視点――福島原発災害後の宗教界の脱原発への訴え」（宮本久雄編『宗教的共生と科学――上智大学神学部教科書シリーズⅣ』教友社、二〇一四年二月）

「原子力発電の非倫理性と宗教からの声――福島原発災害後の苦難の中から」（『日本基督教団東日本大震災国際会議報告書』日本基督教団東日本大震災国際会議実行委員会発行・編集、二〇一四年十月）

# 四 CHAPTER 4

# 宗教は他者を排除するのか？

## ――公共性と他者：公共性にとって他者はどのように大事な問題なのか？

川村覚文

「公共性」という思想に、しばしば宗教は登場する。他者を排除せず、眼差しの届く社会を作ることに貢献するという役割が期待されているのだ。しかし、そもそも宗教自体が排除し抑圧しているのではないか？　宗教の排除性という根本問題に、「他者」原理から切り込んでいく。

## 一　「公共性」という概念

公共性（publicness もしくは Öffentlichkeit）という概念において、他者の問題は大変重要な位置を占めている。そもそも、この言葉が人口に膾炙するきっかけとなったのは、ドイツの哲学者・社会理論家であるユルゲン・ハーバーマスの著書『公共性の構造転換』である。この著書の原題は *Strukturwandel der Öffentlichkeit* であり、この公共性にあたる"Öffentlichkeit"は、政治学者の齋藤純一（齋藤　二〇〇〇）が指摘するように、"offen"という英語では"open"にあたる言葉に語源をもっているという意味で、そもそも「開かれていること」あるいは「閉域をもたない」という含意をもつ。そして、この「開かれていること」あるいは「閉域をもたない」という含意こそ、他者の存在というものを前提にした空間や領域をめぐる議論として、公共性という議論がそもそもなされていることを示すものであると言える。言い換えれば、公共性についての議論とは、排除のない本当の意味での民主的な社会や政治を達成するための条件をめぐる議論である、と言えるだろう。

しかし、ハーバーマス流の公共性論に対しては多くの批判がなされてきた。その批判によれば、ハーバーマスの説く公共性が実際には他者にはまったく開かれておらず、むしろ何らかの同質性を暗黙のうちに前提にしているのではないか、という問題があるという。ハーバーマスにとって公共性が最も重要になるのは、合意を形成するための討議（“Diskrus” あるいは “deliberation”）が行われる空間を、どのように開かれたものとして構想するかという局面においてである。それは、公共性にかなった空間（公共圏、“public sphere”）を、「国民からなる公衆が行う討議を通じた意見形成や意思形成が実現しうるためのコミュニケーションの条件を総括するものであり、それゆえ、規範的な側面を内蔵した民主主義理論の根本概念にふさわしい」（ハーバーマス　一九九四、xxx頁）ものとして構想するということであると言えよう。しかしそのような合意形成こそ、前提を共有している同質的な集団においてのみ、可能なのではないのか。それは、あくまで「読書し、カフェで語り合い、家庭で弦楽四重奏を楽しむような自立した」（市田・王寺・小泉・長原　二〇一三、六二頁）ブルジョワ市民たちの間にとってのみ可能なものなのではないか。

つまり、「開かれて」いると言いつつも、実際のところハーバーマスは限られた人々にとっての公共性・公共圏にすぎないものを論じているのではないのか、というわけである。同じような経済的基盤（経済資本）をもち、同じような文化的バックグランド（文化資本）を共有し、そしてそういった同質的な人々の間でのみ結ばれた人間関係（社会関係資本）を頼りに生きる人々が唱える公共圏。そこでは（諸）資本における同質性があるからこそ、合意形成や、あるいは合意形成をしようにもそのための十分な根拠が存在しないということに関する「合意」をすることができる。そして、そこには他者など存在しないだろう。なぜなら、他者とはそういった同質性に包摂されえない存在のはずだからである。喩えて言うならば、ブルジョワ的公共圏の外部にいる存在、これこそが他者であるはずだ。その意味で、ハーバーマス的な公共性は他者に対して開かれておらず、むしろその存在を抑圧してしまう。このような形で、ハーバーマスによる公共性論は批判されてきたのである。

## ❷ポスト世俗主義と公共性

### 公共性をめぐる議論における宗教への注目の高まり

ところで、今日のわれわれの社会はポスト世俗主義の時代を迎えつつあるという。もともと近代社会は、世俗化の進行に伴って形成されてきた。つまり、中世ヨーロッパ社会において権力を握っていた教会という宗教権力に対抗する形で、世俗的な権力が力をもちはじめるのが近代社会の始まりであるのだ。この世俗権力が力をもちはじめるということに相関しているのが、世俗的な世界観や原理が人々の間に浸透しはじめる、ということである。中世の社会においては、神によってこの世は創造されており、よってこの世の秩序も神によって構築されているという、いわゆる神学的なコスモロジー（宇宙観）が人々の意識を支配していた。そこでは、王の役目は神によって構築された秩序を守り保つことである、とみなされていたのであった。しかし、近代に入りそのような神学的なコスモロジーは徐々に影響力を失っていき、それに取って代わっていったのが「人間」を中心とする原理であったのである。人間は自らがもつ「理性」といった批判的能力によって、自律的・主体的に――つまり自由に――物事を捉え考えることができる。それは、神学によって吹き込まれていた迷信を払いのけ、物事の背後にあってそれらを規定している原理を明らかにすることができる能力であるのだ。だからこそ、政治や社会的な決定も、神の権威を笠に着た権力者が独断的に決めるのではなく、理性をもつ諸個人全員が納得できる形で行われるべきだ。これが、近代以降の社会において機能しはじめる政治的・社会的原理のロジックであり、社会契約論などの民主主義の成立に大きく貢献した議論の前提となっているものなのである。

しかし、にもかかわらず今日がポスト世俗主義の時代であるとはどういうことなのか。この場合、大きく言って次の二つの含意が存在していると言えるだろう。それは、実際的な意味と規範的な意味としてである。実際的な意味としては、世俗的な原理のみでは政治的・社会的生活における秩序や意味づけを十全にすることが難しくなってきている、という問題があげられる。主体性をもって自由に思考をできるとされた近代的な個人は、宗教のみならずさまざまな価値観を批判し相対化してきた。そのような批判的能力は迷信を払いのけ真理へと向かう進歩の原理であったはずが、もはや何も信じられるものがなくなってしまうという状況をも出現させてしまい、それとともに個々人を結びつけるような共有された価値観も弱まりつつある。しかも、社会学者のジークムント・バウマンが「液状化する近代」[*1]と呼んだように、現代社会の流動性の高さがそのことにいっそうの拍車をかけている。そこで、このような状況に対する一つの処方箋として、宗教的な価値観が再び見直されているのだ。現代社会における飽くなき相対化に耐えられない個人が、宗教に回帰する現象はしばしば見られる。それは、世俗的な論理だけでは、もはや自らの存在に対する政治的・社会的な意味を見出すことができない個人が、新たな意味づけの源泉を求めて宗教へと向かっていく、そのような現象として理解できよう。

ハーバーマスは近年の論考において、公共圏確立のための宗教の役割に注目しはじめている。しかも、そのような傾向はハーバーマスのみならず、たとえばチャールズ・テイラーなどのさまざまな思想家や政治・社会理論家においても見られはじめている。[*2] そして、それに相関して近年の日本においても、「公共宗教論」や「公共性と宗教」といった議論が注目されつつある。世俗的原理の伸張により、宗教的原理は公共的領域から退場し、私的領域へと撤退することになっていくというのが、近代社会の発展として考えられてきた。「政教分離」という言葉は、そういった事情を如実に表しているものであると言えよう。政治的な決定に対して、宗教的な価値観は影響を及ぼしてはならない、というわけだ。しかしこれとは逆に、最近の公共性論においては、宗教の公共的役割を期待するという議論が徐々に多くなりはじめているのである。それは、価値観の相対化が進行することによって、世俗的原理が個人の社会的・政治的意味づけをすることが難しくなりつつあるなかで、代わりにそのような意味を個人に与えることで、より積極的に社会的・政治的活動にコミットする主体を構築する役目を、宗教が果たすことに期待が寄せられているのである。

また、世俗的原理が訴求力をもたなくなったということだけではなく、世俗的原理から疎外された人々を包摂するという役目も、宗教には期待されている。共有される価値が喪失し、価値の相対化が進む一方で、グローバライゼーションの進展によって世界大の格差の拡大にますます拍車がかかっている。その最中において、資本の同質性を共有している人たちの間では、まだ自分たちの問題を討議し合い、それを克服していくための方策について合意を形成することも可能であろう。しかし、その一方で、資本をもたないがゆえに、あらゆるつながりを絶たれたまま、社会の底辺へと追いやられている人々が産み出されている。そのような人々に対して、宗教は資本の同質性を超えたつながりを提供することを期待されているのだ。いわば、資本の同質性の「他者」を包摂することを、宗教は可能にしてくれるのではないかというわけだ。

もちろん、ここではある一つの特定の宗教が、公共性を担保するものとして想定されているわけではない。そのようなものを想定してしまっては、公共性において見られるはずの「開かれた」といった性格が、あからさまに抑圧されてしまう。公共性と宗教との関係性で想定されているのは、むしろさまざまな宗教の存在である。つまり、さまざまな宗教的価値観から公共的な事柄に関わり、討議に参加することを人々に促すことが、諸宗教に対して期待されつつも、決して一つの宗教的価値観に還元されえないような、多様な価値観の存在する状態といったものが、同時に想定されているのである。それぞれの宗教は「善き生」に関する構想をもっている。それゆえ、宗教を信じる諸個人は、その「善き生」を実現させることを可能にするような社会を実現すべく行為するであろう。そして、たとえ異なった宗教を諸個人が信じていたとしても、彼・彼女らは「善き生」を可能にする社会をめぐって論理的に討議可能なはずだ。まさにこのような討議をする空間として、公共圏は新たに位置づけることができるであろう。こういった論理に支えられて、公共性と宗教の関係を肯定的に評価しようという議論はなされているのだと考えられよう。

## ❸ 資本と宗教の共謀関係

### 現代社会の統治権力としての資本と宗教

しかし、ここでやはり公共性にまつわる同じ問題が回帰するのではないだろうか。つまり、このような宗教的原理に基づいた公共性は、やはり限られた人々にとっての公共性にすぎないのではないか。すでに合意形成を目指す場としての公共圏は、資本の同質性があるからこそ可能になっているにすぎないのではないかという問題を指摘した。同じように、宗教を基に形成される公共圏もまた、同質性を担保するものに資本だけではなく宗教も加わったというだけにすぎないのではないだろうか。

否、むしろ事態はより込み入った形で悪化するであろう。まず、いかなる宗教であれ、宗教が同じ信仰を共有する者どうしの閉じられた、その意味で排他的な共同体であることは、あらためて言うまでもない。それがいかに開かれた共同性、あるいは多様性を尊重する「同朋」集団であることを強調しても、それはあくまで「同じ」信仰に基づいているということが前提となっているのだ。そして公共性においては複数の宗教が存在するといっても、結局は同じことである。そこでは何らかの宗教集団あるいは信仰共同体に属していることが前提なのだ。しかも、この複数の宗教を媒介する原理はいったい何なのであろうか。それは、結局ハーバーマスが主張するように世俗の論理に頼るのか――しかしこれは結局資本の同質性が媒介することになろう――、あるいは何らか特定の宗教が他の宗教も自らの内に包摂することのできるより上位の――メタ・レベルにある――宗教であることを主張することで、その媒介を担おうとするのか。だが、このようなメタ宗教の役割を担ったものこそ、戦前の国家神道（宗教学者である磯前順一の言葉を借りれば、積極的神道非宗教論）[*3]および国体思想であったのを忘れてはならない。いかに今日のメタ宗教（公共的霊性？）が国家神道とは異なることを主張しようとしても、それは結局程度の差にすぎないのではないか。結局は、資本と宗教によって公共性は囲い込まれ、その外部にいるはずの他者は存在しない。

しかもさらに問題なのは、公共性が「開かれていること」をたてまえとしている以上、合意形成のプロセスにはさまざまな人々が参加することを許容する一方で、合意形成そのものにおいては同質的な集団によってヘゲモニー（覇権）が構築されてしまうのではないか、ということである。つまり、資本を共有しうる者たち、あるいは宗教を共有しうる者たちによって公共圏の言説のヘゲモニー[*4]が握られ、結果としてその他者は公共圏に参加しているとされつつも、合意形成においては排除されるという問題が生じてしまうということだ。いわば、哲学者のジョルジョ・アガンベンが言うところの「排除的包摂（含）」[*5]なるものが、ここでは生じてしまうのである。

哲学者のミシェル・フーコーは、現代社会の統治性は生政治（“biopolitique”もしくは“biopolitics”）によって規定されていると鋭く分析した。フーコーによれば、現代社会に生きる個人はただ単に生きる存在であることを許されず、権力にとって好ましい主体として生きるべく導かれているという。そして、フーコーはこのような権力の作動する場を「社会」として定式化したのであった。[*6] 政治哲学者のハンナ・アレントも主張するように、[*7]「社会」とは資本主義との兼ね合いにおいて、市場経済によって規定されている全体性の動きを合理的に計測し、その合理性に基づいて人々を導きコントロールする場であるという。このような計測の結果、多くの人が従うであろう選好や思考のパターンが見出されることで、それを基に画一的なルールが構築される。そして、このようなルールが私的生活の隅々にまで行き渡ることで、個々人は全体的な合理性を利用する権力の導きにそって生きるように管理されることになるのだ。もちろん、今日のわれわれの生は多様であり、それほど簡単に全体性が見出されるわけではない。そして、そのような多様性はグローバライゼーションの進展によって、ますます高まりつつあるようにも見える。しかし、合意形成やその前提となっている同質性は、このような全体的な利害と折り合いがつくような秩序を構築するために、多様性を調停し馴致する条件として利用されることになるのではないだろうか。つまり、ヘゲモニーを構築している側も、それをもとに権力によって統治される契機を構成しているのだと言えよう。この意味で、宗教は資本とともに現代社会における統治性の基盤となり、それを高める（上昇させる）役目を担ってしまっているのではないだろうか。

このような、宗教と資本による共謀関係によって、グローバル化社会における統治性が上昇するという事態に対して、いかに批判的に介入することが可能であろうか。その可能性への問いこそは、実は規範的な意味においてポスト世俗主義が問われるということと、強く関係するのである。そもそも、世俗と宗教という二項対立自体、近代的な――つまり世俗主義的な――認識を規定する構造（認識論的布置）に基づくものだ。言い換えれば、それは近代における世俗的国民国家を中心に据えた権力構造を正当化するために、構成されてきた認識であると言えよう。近代における「政教分離」原則には、宗教学者のタラル・アサドを参照しつつ磯前が言うように、「むしろ宗教が私的領域に限定されていくことで、公共領域の世俗化が完成していくといった〈世俗・宗教〉の共犯関係」（磯前　二〇一一、二六頁）が見られるのである。その意味で、宗教とは何かという問いを立てて、その答えを本質主義的に――つまり宗教としてみなされているあらゆる事象を包摂し普遍的に妥当する規定を与えることを可能にする概念として――見出すということ自体、そもそも近代的な二項対立的思考に規定されている。だからこそ、公共性を形成する原理的な役割を担うものとして、仮に宗教的原理の世俗的原理への優越性を声高に説いたとしても、それによって可能になることは所詮すでに世俗的原理によって行われていたことの反復にすぎないのであり、近代的権力構造の引き写しとなるような権力構造を構築することになるのではないだろうか。そして、それこそ宗教の公共的役割を期待した結果、発生する事態なのではないだろうか。

　それに対し、規範的な意味でのポスト世俗主義は、こういった世俗と宗教の二項対立的関係を批判的に検討し、そのような世俗主義的な認識論的布置によって支えられている権力構造を脱臼させていくことを目的にしていると言えよう。そして、そのために必要なこととは、二項対立的な認識論的布置によって捉えきれない要素を考察することで、そのような認識論的布置が実際には不可能であり、そしてそれがなぜ不可能なのかという原理的思考を開くことであろう。そして、それこそ他者の問題を考えるということに他ならないのではないか。つまり、二項対立的な思考に規定された世俗的原理および宗教的原理においては、捉えることのできない存在に注目し、それに対していかに向き合うかということ。このような存在を問うことこそ、規範的なポスト世俗主義的が問うべき問題であろう。

## 四 宗教と他者

### 本当の意味での他者とどのように関係を構築するのか

それでは、他者をどのように理解することによって、権力構造を脱臼させることができるのだろうか。ここで注目すべきは、実は宗教的な原理に基づいているとされている領域においては、つねに他者の問題こそが中心的な関心となっていたのではなかったか、ということである。

たとえば、哲学者のジャック・デリダは、「信仰と知」と題したテクストにおいて、宗教を起源あるいは根拠の不在において論じている。つまりデリダは、他者と自己との関係において、それを基礎づけるための根拠となるものは不在であるにもかかわらず、その関係性を担保するものとして、宗教を論じているのである。デリダは、自己と他者との関係性を担保するためには、その担保を可能にする根拠を基礎として定める（定礎する）必要性が求められることを念頭に置きつつ、「その定礎行為が基礎づけによって融解してしまうところがどこであれ、基礎づけた土台の下で定礎行為そのものが失われてしまうところがどこであれ、砂漠のなかで基礎づけ行為を見失い、基礎づけた痕跡も秘密の記憶も見失ったまさにそのときにのみ、「宗教」は開始しうるし、再会しうる」（デリダ　二〇一一、一三七頁）と主張する。自己と他者との関係性を担保しうる根拠を定礎するためには、その関係性に先立って、その関係性を規定する正当な根拠が必要とされる。しかし、他者が本当の意味でのそれであるならば、他者と自己との遭遇より先にあって、他者と自己の関係性を規定するような原理など存在しない。このように、自己と他者との関係を基礎づけることができない状況を、デリダは「砂漠」と読んでいるのである。そして、そのような「砂漠」において、宗教は初めて意味をもちはじめるのである。つまり、宗教はそのような根拠づける原理の不在において、その関係性を担保するものとして機能するものなのだ。

あるいは、次のように言いうるかもしれない。むしろわれわれはつねにすでに関係性を基礎づける根拠が不在のまま他者とともにあるにもかかわらず、その他者との関係性の根拠を遡行的に見出そうとし、それにその関係性を固定化しようとする。そして、この遡行的な営みにおいて、あらゆる根拠づけの原理――科学や普遍的理性など――が見出されることになる。だが、そこにはある種の暴力がはたらいている。それに対して宗教は、根拠不在のもとで他者と関わりをもつことの可能性を、関わりをもたんとする行為自体への信頼――あるいは信仰――を通じて担保することで、暴力を回避するものなのである。そして、このような他者との関係を最も先鋭に描き出しているのが、神との関係であるのだ。神とは我々が根本的には完全に知りえない他者であり、にもかかわらずわれわれがそれに向き合うことを求めてくる存在なのである。

デリダは、『法の力』においてこの暴力の問題を扱っている。そこでは、現実の秩序を維持すべく機能する「神話的暴力」と、その秩序を創設するときにはたらいたとされる「神的暴力」の差異について論じられている。神話的暴力あるいは現実の法を維持する暴力は、すでにある境界や限定を固定化し、そこから逸脱しようとする存在を束縛しようとする。一方、神的暴力は現実のあらゆる境界や限定を無化していくものである。「神の暴力は、法／権利を基礎づける代わりに、それを破壊する。神の暴力は、さまざまな限界や境界を定立する代わりに、それらを消滅させる」（デリダ　一九九九、一六一頁）。つまり、現実の秩序あるいは法が措定されるときにはたらいたとされる暴力において、実際にはそのように措定せねばならない根拠は不在なのであって、それは端的に決断がなされた結果なのである。そして、そのような決断は他者に向かわなければならず、このような他者へと向かわせるものこそが、信頼（信仰）であるのだと言えよう。

あるいは、哲学者ジル・ドゥルーズの議論に従って、宗教と呼ばれている領域を他者へと開かれた思考を提供するものとして理解することも可能だろう。そもそも、ドゥルーズの哲学自体、宗教的な原理を核にもっているとする解釈が存在する。政治哲学者のピーター・ホルワードによれば、「ドゥルーズの仕事に見られる論理は、一般に諸事物に関する神的顕現の着想に沿って展開する傾向がある」（ホルワード　二〇一〇、一八〜一九頁）という。ドゥルーズはスピノザの読解を通して、内在性をもとにした一種の汎神論的な議論を展開した、というのがホルワードの解釈なのである。もう少し詳しく言うと、ドゥルーズ哲学の基本的なモチーフは、それぞれの個別的な存在者は絶えざる差異化（自己と自己との、そして自己と他者との）によって自己を展開しており、そしてそのような個別的存在による自己展開こそが、それを包摂する一なる全体性、あるいは創造的な力それ自体の表現であるというものであって、このようなモチーフこそスピノザの「神」に関する議論を継承したものである、というのである。つまり、ホルワードによれば、「スピノザの本質的洞察とは何か。ドゥルーズのそれと同様、スピノザ哲学を賦活するのは、全く文字通りに単純そのものである次のような想定である。あるのはただ一つの現実、ただ一つの実体（または神）であり、存在するもの全てはこの一つの実体の様態化である、あるいはむしろ様態化を演じている」（ホルワード　二〇一〇、三〇頁）のだという。

しかし、ここで注意しなければならないのは、現実のそれぞれの個別的存在がたとえ創造的力としての一者あるいは一つの全体性の表現であるとしても、そのような一者は個別的存在同士が理解し合うことを担保するものでは決してない、ということである。つまり、一者は自己と他者を関係づける普遍性ではないということだ。なぜなら、「全体は、ただ一つの潜在的ないし非現動的な提示されないカテゴリーとしてのみ、把握されうる。「潜在的」と「提示されえない」とは同義である」（ホルワード　二〇一〇、五五頁）からだ。潜在性は、現動化（現実化）したものよりも上位のものではない。むしろ、現動化（現実化）している個別的な存在は、潜在的な一者と同一のものであって、それ以上でもそれ以下でもない。それゆえ、それぞれの個別的存在間における差異あるいは対立は、潜在的な一者を媒介にして解消しうるものではない。つまり、それぞれの個別的存在を背後で生み出している一者そのものを理解すれば、すべての個別的存在が理解できるという想定自体が成り立たないのだ。それは一般と特殊のような関係ではないし、仮象と本質（実体）のような関係でもないのである。

このような潜在性と現動化（現実化）の論理からは、他者はどのように理解できるだろうか。この場合、他者は二つの意味において理解されることになるだろう。一つは、自己とは異なった思考や信条をもち、それゆえ理解は困難ではあるが、にもかかわらず根本において同一の基盤を共有するものとして、である。宗教や資本などといった同質性を担保しうるものを、ヘゲモニーを形成している集団と共有していない他者もまた、そのような自らの存在を正当なものとしてヘゲモニー集団に対して訴えることができ、その権利をヘゲモニーの一員は自身の存在の正当性と同等に認めねばならない。このような他者との関係を求めてくるようなものとして、この論理は理解できるだろう。

そしてもう一つは、潜在的な一者そのものもまた、他者として理解されることになるだろう。たとえば、宗教においては超越者の存在が構想されているが、それは潜在的な一者そのものを捉えようとする試みであると言えよう。しかし、それぞれの宗教において人々は異なった超越者を構想し、それに帰依している。つまり、そこでも潜在的な一者がさまざまなやり方で現動化（現実化）されているのだと言えよう。しかも、それはどれが正しいというわけではなく、どれも超越者そのものなのである。その意味では、超越者をめぐる解釈の間の対立は、その本質において決して取り除かれることはない。むしろ対立があること自体、潜在的な一者の現動化（現実化）そのものなのである。それゆえ、潜在的な一者としての神は、その潜在性において決して十全に捉えられることはない。このように、われわれにとって畢竟理解不可能であるという意味において、他者であると言えよう。

それゆえ、ここから次のことが理解されるであろう。すなわち、何らかの一つの全体性が普遍あるいは絶対的な超越者として立ち上がったとしても、それは原理上、本当の意味での全体性や一者そのものではない、ということである。そして、宗教的な（あるいは超越者をめぐる）思考はこの普遍の不可能性を受け止めつつ、潜在的な一者そのものである創造的な力に向き合う、ということを意味するものとして理解されるべきではないだろうか。それは、それぞれの個別存在を媒介し調停可能なものとして回収する絶対的な全体的原理は不在であるにもかかわらず、お互いの存在をその存在が正当なものであるとして認め合うような場を開くものとして、宗教的な思考を捉えるということになるであろう。

このような場は、一つのオルタナティブな公共圏と捉えることができるだろう。アナキズムの研究者であるピーター・ランボーン・ウィルソンが、ハキム・ベイの筆名で論じたＴ・Ａ・Ｚ（Temporary Autonomous Zone）[＊8]や、アガンベンが論じる「本質なき共同性」[＊9]が、そのイメージに近い。それは、普遍的あるいは絶対的な原理によって規定されえない個別の存在が共存し合う場としての、公共圏である。この公共圏の共同性の基礎となるものは、決して現動化されえず、それゆえつねに不在である全体性である。そして、そのような全体性においては、差異やそれに基づく対立をぬぐい去ることは決してできない。つまり、調和的な世界を可能にする原理ではなく、むしろ対立や敵対を前提にした上でいかに関係を構築するか、ということが問題となるような公共圏なのである。それは、すでに述べたデリダにおける根拠不在なままの他者への信頼、といった関係性にもつながるものであると言えるだろう。

## 五 他者性に向き合う宗教と、それを蹂躙する宗教

すでに述べたように、宗教は潜在的な一者の存在を捉えようという試みである。その意味では、同質的な集団から他者として排除された個人と、いかに向き合い関係を構築するかということをつねに問題にしてきた。他者もまた、同一の潜在性から産み出された存在として、迎え入れるというのが宗教的な活動の核にあったと言えよう。しかしそこから今度は、自らが奉じる超越的一者のみが正しく、他の集団が奉じる超越的一者は間違っていると考えたり、あるいは自分たちと他の集団との差異は、それらを媒介するより根源的な一者を想定することで最終的には解消可能なものとして理解したりする方向に向かいはじめると、途端に他者の存在は排除・抹消されることになる。つまり、他者性を蹂躙する新たな同質的集団として、宗教が立ち現れることになるのだ。

このような宗教こそ、宗教と世俗といった二項対立にぴったりと収まる宗教概念であろう。そして、宗教は自らのイデオロギーをドグマティックに、あるいは原理主義的に押し進め、それ以

外の存在を認めない集団であるがゆえに、私的領域に押し込めておこうという話になるか、あるいは調和的な全体性を可能にする原理であるからこそ、公共的な役割を期待しようという話になるだろう。しかし、そのどちらにも他者は存在しない。宗教は他者と向き合う原理であるという本来的な立場を明らかにするのであれば、宗教がなすべきなのは、他者を認めることで生じる対立や敵対を認め、むしろその対立や敵対が決して取り除くことができないものであることを認めつつ、そのような他者と関係を構築することの重要性を訴えることではないだろうか。つまり、宗教の役割とは、ヘゲモニーを形成している集団によって隠蔽されている他者の声を聞き、それを社会へと持ち込むことで、対立や敵対の存在していることを広く知らしめること、このことではないだろうか。そして、そのようなことが可能となる場を開くこと。これこそ、宗教によって可能にすべき公共圏なのではないだろうか。そもそも公共性とは「開かれていること」を意味し、公共圏とは排除のない空間を意味していたはずなのだから。

（引用文献）

齋藤純一（二〇〇〇）『公共性』岩波書店
ユルゲン・ハーバーマス（一九九四）『公共性の構造転換——市民社会の一カテゴリーについての探究』未来社
市田良彦・王寺賢太・小泉義之・長原豊（二〇一三）『債務共和国の終焉——私たちはいつから奴隷になったのか——』河出書房新社
ジャック・デリダ（二〇一一）「信仰と知——理性のみの境界における「宗教」の二源泉」磯前順一・山本達也編『宗教概念の彼方へ』法藏館

ジャック・デリダ（一九九九）『法の力』法政大学出版局
磯前順一（二〇一二）「宗教研究の突破口――ポストモダニズム・ポストコロニアル批評・ポスト世俗主義」磯前順一・山本達也編『宗教概念の彼方へ』法藏館
ピーター・ホルワード（二〇一〇）『ドゥルーズと想像の哲学――この世界を抜け出て――』青土社

*1　ジークムント・バウマン（二〇〇一）『リキッド・モダニティ――液状化する社会――』（大月書店）を参照。

*2　たとえば、ハーバーマスとテイラー両者の論考も含め、さまざまな論者の議論を収めた次の論集を参照。Mendieta, E. and VanAntwerpen, J. ed. (2011) *The Power of Religion in the Public Sphere*. Columbia University.

*3　磯前は次の著作においてこの概念について詳しく論じている（磯前順一（二〇〇〇）『近代日本の宗教言説とその系譜――宗教・国家・神道』岩波書店）。

*4　ここでのヘゲモニー概念は、政治学者であるエルネスト・ラクラウとシャンタル・ムフの議論によっている。詳しくはエルネスト・ラクラウ、シャンタル・ムフ（二〇一二）『民主主義の革命――ヘゲモニーとポスト・マルクス主義』（ちくま学芸文庫）を参照。

*5　排除的包摂（含）に関しては、ジョルジョ・アガンベン（二〇〇三）『ホモ・サケル――主権権力と剝き出しの生』（以文社）を参照。

*6　フーコーにおける生政治と社会をめぐる議論に関しては、ミシェル・フーコー（二〇〇七）『ミシェル・フーコー講義集成Ⅶ　治安・領土・人口』（筑摩書房）を参照。

*7　ハンナ・アレント（一九九四）『人間の条件』（ちくま学芸文庫）を参照。

*8 ハキム・ベイ（一九九七）『T・A・Z一時的自律ゾーン』（インパクト出版会）を参照。ちなみに、ピーター・ランボーン・ウィルソン＝ハキム・ベイはスーフィズムやネオペイガニズムなどの、宗教思想・神秘思想の専門家でもあることを付け加えておくべきであろう。

*9 ジョルジョ・アガンベン（二〇一二）『到来する共同体』（月曜社）を参照。

コラム

# 前五〇〇年の奇跡

ゴータマ・ブッダの生没年は明らかではないが、およそ前五〇〇〜前四〇〇年頃に活躍したと推定されている。この時代を、人類史全体で見ると、大変に面白いことに気づく。中国では孔子をはじめとする諸子百家、インドではウパニシャッドの哲学やゴータマ・ブッダの仏教、マハーヴィーラのジャイナ教、イランではゾロアスターが独自の世界観を説き、パレスチナでは旧約聖書に残るイザヤ、エレミヤなどの預言者が現れ、ギリシャではソクラテスやプラトンなどの哲学者が出現した。これらの現象は、宗教や思想史の上で、固有名詞をもった思想家たちが初めて登場し、人類が精神的に覚醒した時代とも言えよう。

そして、大乗仏教が誕生した紀元一世紀前後はどうか。パレスチナにイエスが出現した。彼は、「隣人愛」を説いた。前五〇〇年の奇跡同様に、「紀元一世紀の奇跡」があるとすれば、それは「他者の発見」の時代と言えるかもしれない。

（F）

# 五 CHAPTER 5

# 「葛藤する存在」が作り出す公共性

## ——欲望から公共圏の可能性を考えよう

丘山 新

なぜ、自己中心的な私たちが、他者への想いをもつのか？ なぜ、平和を願っているのに殺し合うのか？ 釈尊と親鸞の人間洞察を手掛かりに、人間存在の奥底に宿る根本的な謎に挑む。自己中心性・他者の殲滅《せんめつ》を乗り越える公共性は可能なのだろうか？

# ❶なぜ、わたしたちは「他者への想い」をもつのか

よく知られているように、宮澤賢治は「世界がぜんたい幸福にならないうちは個人の幸福はあり得ない」と言った。つまり、私の幸せはこの現実世界に生きているすべての人々の幸せと不可分に連動していて、個人の幸せなんてありえない、ということだ。しかし、世界中の人々が皆それぞれに幸せになることなど、この世界に実現するのだろうか？ 私一人だけの幸せは、ありえないのだろうか？ こんなテーゼは、彼の単なる美しい夢、あるいは妄想なのではなかろうか？ そもそも、人と人とは存在の深みでどのような関わり方をしているのだろうか？

キリスト教の隣人愛、「あなたがたの敵を愛しなさい」という愛敵の教え、そして大乗仏教の慈しみと憐れみの心（慈悲）とか他者にはたらきかける実践（利他行）、あるいは宮澤賢治の想い。どれも話としては美しく響く。自分ではそんな道を歩めないけれど、そういう考えを否定する気分にもなれない。隣人愛の教えでも、慈悲や利他行の思想でも、人間は実践できないなら否定してもよいのに、積極的に否定する気にもなれない、なぜか？

人間は、身体的、物理的には互いに孤立した存在である。個体を維持しようとする生存の本能

からして、他者よりも自己を優先する「自己中心的なあり方」は、きわめて常識的であり、合理的である。本章では、このあり方を「閉じられた自己」と呼ぶ。一方で、前述のように、それには回収しきれない「他者への想い」といった人間の不可解さ、「他者へ開かれた自己」と言いうる面白さも人間には秘められている。自分と他人、自己と他者とは、不可視の存在の深みでどんな関係にあるのだろうか？

「公共性と宗教」ということを考えるために、私はまずこんな問いを問わずにはいられない。「公共性」は、各章でも言及されている通り、「他者」を中心に置く社会思想である。しかし、その「他者」という意識は、何に由来するのか。また、自己中心的な人間が、どのように「他者」とつながりうるのか。本章では、「閉じられた自己」と「他者へ開かれた自己」との関係を、仏教思想を中心として検証し、釈尊の思想、親鸞思想を入れた「公共性」の新たな可能性を考えてみたいと思う。

## 二　ゴータマ・ブッダの個人完結する目覚めと他者の欠落

ゴータマ・ブッダは、六年間の出家修行の末、三十五歳のときに菩提樹のもとで宗教的な目覚めを完成したと伝えられている。

そのときの彼の言葉：「為されるべきことは為し終えられた」（kataṃ karanīyṃ）、あとは完全なる涅槃、すなわちこの身体が滅びるのを待つのみ、と言う。彼が目指していたいわゆる「解脱」、さまざまな苦しみからの解放や、「涅槃」、煩悩の止んだ平安の境地は、まさにこの時点で完成、完結したのである。

ここから私たちは、次のことを確認しておこう：ゴータマ・ブッダの宗教的な目覚めとは個人で完結するものであり、そこには他の人々、現代的に言えば「他者」への関心はない。だから、ゴータマ・ブッダの宗教的な目覚め、彼の解脱には、原理的に「他者」は関わりがないと言えよう。実践的な慈悲の思想は、彼の宗教的目覚めの必要条件には含まれていない、ということだ。

そもそも、彼の認識によれば、「怨憎会苦《おんぞうえく》、愛別離苦《あいべつりく》（嫌なヤツにも会わなければならず、愛おしい人たちとは別れざるを得ない苦しみ）」であり、つまり「他者」との関わりは苦をもたらすだけである。だから、弟子たちには人間関係を断ち切り、「ただ一人、犀の角のように歩め」と勧めるのだ。

ところが不可解なことに、目覚めが完成したすぐ後、ゴータマ・ブッダは解脱の喜びを味わう瞑想を数週間にわたって続けるのだが、瞑想するゴータマ・ブッダの意識に天上界の神である梵天が登場し、人々に教えを説くよう懇願し、一方で悪魔たちは、彼に説法などせずに、そのまま完全なる涅槃を遂げるよう誘惑する。もちろん、梵天も悪魔たちも、現代的にはゴータマ・ブッダの心の葛藤だと解釈されているが。そして、彼は躊躇しつつも、とうとう教えを説くことを決心する。

しかし、そもそもおかしいではないか？「他者」を遠ざけて、宗教的な目覚めを完成した人物が、目覚めの後に、なぜこのように葛藤するのだろうか？

この話は、伝統的に「梵天勧請《ぼんてんかんじょう》」と言われる出来事の理由、必然性に関して多くの研究者がさまざまに推論してきたが、私は納得できる解釈に出会ったことはない。唯一、やや説得力ある解釈は、菩提樹のもとでの**解脱の自覚から梵天勧請による説法の決意までのプロセス全体をゴータマ・ブッダの宗教的目覚め**であるとする、中村元の解釈である。ただし、この解釈には文献的な根拠はない。いずれにせよ、なぜ彼が「他者」に教えを説きはじめたかは、相変わらず謎である（としておこう）。

本章では、この謎解きを一つの軸にしながら、新たな公共性の理論を構築してみたいと思う。人間ゴータマが「説きはじめる」ことを決断した結果、仏教が誕生し、やがて大乗仏教という新しい宗教運動が胎動することとなる。ゴータマ・ブッダの悟りの謎解きをしながら、その悟りが、その後の人類史に何を生んだのかを見ていこうと思う。

## ㊂ 大乗仏教は「他者」を悟りの要件とした

個人で完結する悟りを、ゴータマ・ブッダは説いた。しかし、ゴータマ・ブッダは「他者」に法を説いた。この矛盾とも思われる事態から「仏教」は生まれ、やがて「他者」を積極的に受容していこうとする大乗仏教運動が始まる。

ゴータマ・ブッダが入滅し、四〇〇年ほど経過した紀元一世紀前後に始まった「大乗仏教」という新しい宗教運動とは何だったのか？　これもまた難題であり、解明されるべき大切な課題は多いが、今は本章の論題に関わる重要な問題だけを論じておこう。

たとえば、大乗仏教の代表的経典である『維摩詰経』の主人公である在家者の維摩詰は「**一切衆生、つまり生きとし生けるものが苦しみ悩む限り、私もまた苦しみ悩む**」と言う。それが大乗仏教に生きる菩薩の慈悲の思いだと経典は語る。

また、指摘するまでもないが、親鸞聖人が最も大切にした『無量寿経』に説かれた法蔵菩薩の「誓願」もまた「**一切衆生を救済しない限り、私は悟りを完成させない**」という思想に貫かれている。

大乗仏教の目指した宗教的目覚めは、解脱や涅槃ではなく、菩提 bodhi といい、まさに「宗教的目覚め」を意味するが、その思想内容はこの維摩詰の言葉や法蔵菩薩の誓願に集約される。つまり、大乗菩薩が理想とした生き方、菩提の完成は、**他者と存在の深みで深く関わっており、自己完結するのもではない**。これは、ゴータマ・ブッダの自己完結型の宗教的な目覚めとは、原理的にも異なった「他者へ開かれた」宗教的な目覚めと名付けられる。そして、この自他を通底させる目覚めについて、すべての存在が関係性の中で成立しているにすぎず（＝縁起）、個別の実態は存在しない（＝「空」）と、仏教を代表する哲学者・龍樹菩薩は理論づけた。大乗の目覚めは、

「他者へ開かれた」点で明らかにゴータマのそれと異なるのだが、「縁起」や「空」がゴータマ・ブッダの悟りと接続していることは言うまでもない。因みに、対象たる一切衆生は無際限に存在するのだから、大乗菩薩たちの宗教的な目覚めは永遠に完成することがない。

一切衆生と共にある大乗菩薩の宗教的目覚め。これはまた、その存在の深みにおいて他者に開かれた存在のあり方をしていると言えよう。宮沢賢治の言葉と思想は、この維摩詰の、そして大乗菩薩の願いと同一線上にあることは、あらためて指摘するまでもあるまい。

そもそも、ゴータマ・ブッダは梵天からの要請を受けて、世間の人々のありさまを見たところ、彼らは欲望をむさぼっており、私が教えを説いても理解せず、教えを説いたところで疲れるだけだ、と語ったという。その際、人々を表す言葉として使われたのは prthag-jana、つまり「凡俗な人たち」「愚夫」「凡夫」という言葉であり、それは世間の人々のあり方への絶望とさえ言える表現である。これに対し、大乗経典になって頻出する「一切衆生」という言葉は、用例から見ていくと、慈悲や利他行の対象を示している。この漢訳語「一切衆生」、梵語では sarva-sattva という言葉こそ、それまでのゴータマ・ブッダの教えを大きく方向転換させた大乗仏教の基本的な考えを示すキーワードなのである。

私たちはゴータマ・ブッダの悟りの謎解きをするために、大乗仏教が自他を通底させる理論が、ゴータマの教義から発展しつつ、かつ「他者」を包摂する教えへと劇的な変化を生んだという手がかりを得た。もう一点、prthag-jana、「凡俗な人たち」「愚夫」「凡夫」と「一切衆生」sarva-sattva とは、異なる存在を意味しているのではないということについても、いまだ暗示的な意味しかもちえていないが、注意を払っておきたい。

## 四 他者の再発見

大乗仏教だけでなく、一五二頁のコラム（「前五〇〇年の奇跡」）に記したように、人間は紀元一世紀頃に「他者」という存在が、自分が生きることの深奥で不可分に関わっていることを見出したようだ。しかし、残念なことに、その後、さほど思想的に深められることなく現代に至った。また「他者」を入れた原理で、世界が動いているようにも感じられない。

たとえば、大乗仏教。確かに「利他」「慈悲」を掲げてきたのだが、浄土教にしろ、禅にしろ、自己の救いばかりが課題となっている、と批判を受ける面もある。鎮護国家のための仏教や、日蓮宗のように、社会的な役割を目指した仏教者もいたが、それらは仏教と国家との関わりを論じたものであり、大乗仏教の慈悲や利他行のように一切衆生を対象としたものではなかった。

他方、西欧でも、キリスト教の隣人愛は、いわば神からの命令であり、確かに社会的な奉仕活動などが実践されてきた。ただ、西欧思想の二つの流れとなっているユダヤ・キリスト教系のヘブライの宗教思想でも、ギリシャ哲学系のヘレニズム思想でも、隣人愛や他者の思想は、理論的にさほど深められた形跡はない。

十七世紀に活躍したデカルト以来の近世哲学原理は、「我思う、故に我在り」と、最も確実なものとして〈思惟する自我の存在〉を置くことになった。デカルトの影響により、哲学は「自己探求」に専念し、長らく「自己探求の時代」が続く。そして、十九世紀に登場したフォイエルバッハが「我と汝（自己と他者）」を問題とし、「個々一人ひとりの人間はそれだけでは、道徳的主体としてもまた認識的主体としても、人間の本質を自分の内にもっていない。**人間の本質はただ共同の内にのみ、すなわち人間と人間との統一の内にのみ含まれている。そしてその統一は、我と汝という統一、区別に基づいた統一であり、そこに人間の本質がある**」と語り、二十世紀のユダヤ神学思想家のマルティン・ブーバーの「我と汝」の哲学へと展開されていく。こうした思想的営為はまさに、隣人愛的な自己と他者との関わりを哲学的に解明しようとする試みと言えよう。この流れは、現代哲学におけるいわゆる間主観性・相互主観性、さらには他者・他我論となり、豊かな他者論へと接続していく。そして、現代思想は、「他者」を中心概念とし、「他者」から倫理を再構築しようとする「公共性」という社会思想を生むことになる。

　このように「他者」の哲学は、十九世紀以降に再発見され、深められ、今や現代思想の中心となっていると言ってよい。紀元一世紀前後以降、「他者」を長らく忘失し続け、その深い眠りの間に、大量に他者を殲滅するような出来事も起こった。そして、そうした惨禍を経験して、人類は「他者」について再び覚醒しつつあるのだ。

## ❺ゴータマ・ブッダの謎説き
### ゴータマに映る「他者」の姿

さて、いよいよ謎解きを終わらせるときが来た。再び、仏教に戻ることにしよう。

ゴータマ・ブッダは六年間にわたる瞑想修行の末に、あらゆる苦しみの根源に無明、すなわち人間の根本的な愚かさを見出した。無明とは、彼が宗教的な叡智を獲得して世界と自己のあり方を観察して明らかにした十二支縁起における最も重要な概念である。また彼は、飽くことのない欲望こそが苦しみの根源であると見抜いた。彼が初めて教えを説いたときの内容とされる四諦説に見られる苦の根源としての渇愛が、それである。この無明といい渇愛といい、いずれも**自我という虚妄に起因する**ものであり、それに執着するからこそ、あらゆる苦が生起してくるというのが、ゴータマ・ブッダの考えである。この「自我」とは、諸行無常（宇宙開闢以来、一瞬も止まることのない万物の流動性）と、縁起（諸行無常に基づく万物は、固定的実体性をもたない相互依存関係から成り立っている）という彼の基本思想からすれば、**虚妄なる想念にすぎず、だからこそ無我が主張される**。

実体のない妄想された虚妄の自我意識。しかし、それは宗教的な叡智を獲得したもののみが知りうることであり、われわれ悟れない存在に、実感として知りうるものではない。われわれは、日常世界で相も変わらず自我意識を根拠に生きているのであり、その意識が自己中心的で、他と隔絶された自己閉鎖的なあり方を生み続ける。このような**われわれの日常的な意識、他者に「閉じられた自己」**にとって、**人間関係は「怨憎会苦」**であり**「愛別離苦」**なのだ。**だからこそ、ゴータマ・ブッダは解脱を実現できていない弟子たちに、人間関係を断ち切り、ただ一人歩めと指示したのだ！**

宗教的目覚めを完成する以前には人間関係を否定していたゴータマ・ブッダが、なぜ教えを説きだすという人間関係を再肯定する姿勢を示したのか？　やや見えてきただろう。目覚めたゴータマ・ブッダにとって、**人間関係とは苦をもたらすものではなくなっていた**ことは明らかであり、さらに言えば、彼は**苦悩する世界と人々のあり方に限りない親しみを感じた**のであり、その関わりこそが、この世界に生きる真の意味だと見抜いたのだ。

ゴータマ・ブッダにおいて、すでに「自己への探求」は「他者の発見」に接続していた。ゴータマ・ブッダにおいて、虚妄なる自我という気づきが生まれたとき、「他者」も慈悲の対象という新たな相貌で現れたのだ。なぜなら、自己探求の完成が、根底で「他者」を見出すことと不可分であったのだから。そして、ゴータマ・ブッダの他者救済の実践が源泉となって、「他者」を悟りの要件とする大乗仏教が生まれる。いわば、「公共性的仏教」が登場することになるのだ。

## ❻親鸞に見る他者救済の不可能性と他者への想い

謎説きは終わった。もちろん、この謎解きは「証拠がない」証明であって、悟りの謎は、いつまでも謎であり続ける。その意味で、一つの可能性を示したと言うべきかもしれない。

しかし、ここに至って、私たちは新たな思想的な課題を負うことになった。釈尊が悟りの地平から、自己中心的で欲望に生きる人々を救いの対象、慈悲の対象としたことによって、大乗仏教は「他者」を入れた悟りを目指す仏教となる。ただ、この「他者」を入れるということは、悟りの地平から見た原理としては明晰だが、その原理を、現実の社会に起動させようとしたとたんに、バグが生じる。人間はどこまでも「閉じられた自己」であり、自己中心的であることを免れず、「他者に開かれた自己」となりえないという問題が生まれるのである。この自己の根深い愚かさと欲望をどこまでも凝視した人物として、ゴータマ・ブッダに並ぶのは、親鸞であることに異論はあるまい。

「悲しきかな愚禿鸞、愛欲の広海に沈没し」と自らを語る親鸞。法然に導かれ阿弥陀如来に出遇い、その生涯にわたり自己をありのままに凝視し続けた親鸞。彼は阿弥陀如来の決して見捨てることのない摂取不捨の慈悲に包まれていることを自覚し歓喜しながら、一方で智慧の光に照らされれば照らされるほど、克服することのできぬ愚かさと欲望の深さとを慚愧し続けて生きたのである。

慚愧と歓喜との両感覚に揺れ動き、葛藤する親鸞。それは、無始以来の過去からの慣性である、抗うことのできない閉じようとする力と、他方、阿弥陀如来の本願力によって閉鎖的自己が開かれゆく悟りへの道である。この葛藤する存在、中間的存在としての人間のどうしようもないありかたを、身をもって示したのが親鸞である。

ところで、このように徹底して自己凝視に徹した親鸞にもまた、解脱を完成したゴータマ・ブッダが教えを説きだしたことの不可解さに通じる、奇妙な、あるいは不可解なエピソードがある。親鸞の妻であった恵信尼の手紙によると、親鸞が五十九歳のとき高熱を出し、四日目に苦しそうに「やはりそうであったのか」とうなされるように語ったという。怪訝に思った恵信尼が尋ねたところ、病に伏して二日目から『無量寿経』を読みはじめたところ、ときおり目を閉じても経典の文字がはっきりと見えてくる。これはいったいどうしたことかと、よくよく考えてみると、十七、八年前に三部経を千回読んで、世の人々の救おうと（衆生利益のために）読みはじめたのだが、しかし、名号の他に何の不足があって経典を読もうとするのかと思い返して読むのをやめた。しかし、まあ人の執心、自力への思いには気をつけねば、と考えて読むことをやめた、と恵信尼の手紙は伝えている。

このエピソードは、親鸞自身も自ら語っているように、自力修行への根深い執着心を反省したことを示している。現代の研究者たちもそのままに解釈し、とくに注意を払っていない。ただ、それだけではなく、このエピソードから、私たちはまったく別のことを知るべきだろう。すなわち、二十九歳のとき、すでに法然のもとで阿弥陀如来の本願他力による救われを実感し、それは生涯にわたって変わることはなかったにせよ、親鸞の心の深層には「衆生利益のために」という想いが消えることがなかったということだ。現代の私たちが読み取るべきポイントは、親鸞の自力への執着否定ではなく、衆生、つまり共に生きる人々への変わらぬ想いではないか。そして、その想い自体を、親鸞は否定していない。

浄土系の経典での主たるテーマは、阿弥陀如来と私たち衆生一人ひとりの関係であって、私たち人間どうしの関わりは表面には現れてこない。あえて言えば、衆生どうしの関わりは阿弥陀如来を媒介としているとしか言えない。したがって、浄土教系の宗教者の思索には、共に生きる他者への言及は稀であり、親鸞もまたその例外ではない。しかし、ここに引いたエピソードは、「それにもかかわらず」親鸞の意識の深層には、一貫して「衆生」への、共に生きる人々への想い、共感があったことを示している。

厳格な教義表現の中に垣間見られる他者への想いは、何に起因するのか。やや願望的な解釈を加えれば、阿弥陀如来に出遇い、自己が開かれてゆく道が示されたからこそ、閉じられた自己存在への絶望から、衆生への想いが（如来の力によって）再肯定されていったのではなかろうか。親鸞は比叡山で、大乗仏教の縁起と空に基づく他者救済の教えを学んだことだろう。しかし、その教説が飢饉や自然災害が続く現実の世界において、しばしば無力であることを親鸞は痛感する。

それは絶望ともなりかねない。他者の捨象となっても不思議ではない。しかし、その想いの火が絶えることはなかった。むしろ、阿弥陀如来の十方衆生を救わんとする願いによって、いっそうあかあかと燃え上がった。あるいは、その想いは生来のものであれ、阿弥陀如来との出遇いにより、いっそう明瞭に自覚されてきたと言えるのではなかろうか。

ちなみに、この点と関連して、一つの言葉に触れておこう。親鸞は、引用文以外、一人称主語で語る場合、基本的に一人称複数の「われら」という言葉を遣い、単数では語らない。「煩悩成就のわれら」「煩悩具足せるわれら」「無明煩悩われらがみにみちみちて」等々と内面の煩悩の深さを省みる場合、また「流転輪廻のわれら」「五濁悪世のわれら」のように、そのような私たちがどのような状況にあるかを語る場合、いずれも「われら」のように一人称複数の主語を用いている。そしてその「われら」とは、「よろづの衆生也、すなわちわれらなり」、「凡夫はすなわちわれらなり」とあるように、「われら」とは特定のわれわれではなく、一切衆生として語られている。

「われら」が、まさしく一切衆生であるならば、親鸞にとって、「われら」という言葉を用いたさまざまな表現は「人間の定義」に他ならない。そこからも、間接的ながら、親鸞の「同朋」意識、共に生きている他者との連帯感を読み取ることが可能であろう。

# ❼葛藤する存在としての人間と「公共性」

これまでの考察を踏まえた上で、そして、親鸞という存在を通して、私は「**人間とは葛藤する存在だ**」と理解している。

人間は身体が閉じていることから、自己保存のために、基本的には自己の存在を最優先する。それは批判されることではなく、生物として当然のあり方だろう。あるいは、その自己優先のあり方は、仏教的には、まさに宿業（始まりなき限りなき過去からの慣習性）そのものである。そして、その自己優先性のゆえに、その存在は「閉じられた自己」としての様相をとる。それはそのまま、他者との区別であり、自他の対立となる。

その閉じられたあり方があらゆる争いと苦しみをもたらすものであると気づいたのがゴータマ・ブッダであり、彼はそれを個人のレベルで超越したのだった。ただ、その超越は個人を超え出るとともに、他者との関係を変化させていく（＝慈悲）始まりでもあり、やがて大乗仏教において、他者に惜しみなく与えること（布施）、他者を受容していくこと（忍辱）といった他者を入れた原理を構成していく。その「他者」を組み込んだ悟りの原理を、閉じられた自己存在にとどまりながら、社会的な生との葛藤の中で、思索し続けたのが親鸞であった。だからこそ、親鸞思想は、欲望を駆動因とする現代社会にも、いやそうした時代状況だからこそ、社会的に生きる人間のあり方に応答しうるのだ。親鸞の「悪」の思想を社会思想として評価した今村仁司の「親鸞は日本仏教思想界における最初の法哲学者であったといわなくてはならない」(『親鸞と学的精神』)や、吉本隆明の「親鸞の思想にとって、この世が「五悪」に充ちていながら、「五悪」を肯定して生きるべきものとかんがえられていた……」(『最後の親鸞』)は、親鸞思想の特徴を見事に摘出している。

現代思想は、個人への探求から、「他者」を入れた原理への追求へと、明確に舵を取った。そのなかで誕生した「公共性」という思想は、まさしく「他者」を中心概念とし、閉じられた存在である人間が、いかにして互いに呼応し合い、排除することのない社会を作り出していくかを議論する。この社会思想の展開は、個人の欲望を肯定することを原則とする現代社会の歪みに起因している。現代社会は、個人の欲望を開いた。アメリカの大統領がいみじくも「強欲 greed」(greed は聖書に説かれる七つの大罪の一つ)という言葉を用いたように、個人の欲望を開く現代社会とは、宗教的、悟り的人間像の解体であり、逆説的に、人間の「閉じられた」本質そのものへの気づき(と慚愧)をも誘引する。さらに、この逆説は、(仏教的には、自己の本質と地続きである)「他者」思想の扉も開いた。すべてが必然的ではないか。しかも、この「他者」を入れた思索は、聖への道程における「他者発見」よりも、(他者の殲滅をも経験したせいだろうか)力強く社会を牽引しようとしている。

もはや、欲望を前提としない社会に、私たちが立ち戻ることは難しい。欲望を前提とする社会は、人間の本質がおおやけにされたがゆえに、もはや「他者」を入れた眼差しなしに成立することはできない。だからこそ、葛藤する人間存在という地平から、人間社会が再編されねばならない。こうした社会の根底を支える基本原理として、親鸞思想のもつ意味は大きい。

親鸞の教えの中に、社会的実践が示されていないという評価がしばしばなされる。しかし、親鸞の教えの中にこそ、自己と他者との関係の困難が問われており、社会的実践の究極的な姿が示されていることを見失ってはならない。仏教は悟りを目指す信仰である。そのために、ともすれば、悟れない人間の現実の生について、捨象され見逃される傾向がある。あるいは、悟りの視点からすべてを語ってしまう傾向をもつ。そうした仏教思想史のなかで、親鸞は、刹那も「煩悩成就のわれら」であることを離れることがなかった希有の思想家であった。「煩悩成就のわれら」と「他者への想い」とが失われることなく、葛藤の中を力強く歩まれた。それは、阿弥陀如来という他者によってそのままに包摂されるという救いによって、「他者への想い」が肯定され、かつ照らし出された結果ではないかと前節で推論した。

葛藤する人間存在を、真理から否定するのはたやすい。しかし、「葛藤する存在」としてしか生きられないという場所からしか、同じ方向を向き、同じ風景を見ることができないというのが、私たち人間の本質であろう。

「公共性」は、共通善から世界を再編しようとする。しかし、善をあらゆる人々が共有することは、はたして可能なのだろうか。それは、悟りや真理から社会を見ようとするもので、誰かを排除することにはならないだろうか。欲望を駆動因とする世界に対して、本当に力をもちうるのだろうか。著者は、親鸞の「同朋」という視点から、排除することのない「公共性」は、悪や煩悩から始まると主張する――これが、本章の結論である。

コラム

# 学生の仏教珍回答！

たくさんの学生に教えているので、ときどき、学生にアンケート調査をする。これが面白い。思ってもみない答えが返ってくるからだ。一度、「仏教を修行したり、学んだりしたら、どうなりますか」と質問した。というのも、講義中、ふと一人の学生にこの質問をしたら、その彼が「え、背後霊に守ってもらえるんでしょ～」と答えたからだ。そこで、調べたら、「輪廻転生」できるとか（輪廻しなくなるんだよ！）、「天国へ行ける」とか（極楽だよ！）、「宝くじが当たりやすくなる」（そういう欲望がなくなるんだよ！）とか、珍回答続出で「悟る」なんて答えは皆無だった。これが、日本の宗教事情なのだ。ちなみに、学生で「戒名」という言葉を知っているのは五パーセント以下。この数字からも、ネット世界に生きる若者たちに、何かが伝わっていないのは確かなようだ。

（F）

# 六 CHAPTER 6

## ウェブに見る宗教の公共性
### ——浄土真宗はウェブ上に存在しているのか？

雲居玄道・藤丸智雄

「仏教はウェブ上で発信できているのか」という問題意識から、アナログ僧侶が、ウェブ事情に詳しいゲンドー先生に素朴な質問を投げかける本章。データから明らかになる十年後の宗教の姿。グーグルは神に取って代わるのだろうか？

# 一 たった十年後の葬儀と宗教について

私たち人間は、未来について考える能力をもっているが、人間に最も近いと言われるチンパンジーでさえ、未来をほとんど思考していないそうだ。そのことは、チンパンジーが死の間際まで快活であることから、わかるという。未来を考えないということは、「死」を恐れないということとも同一なのだ。十年後のことを考えたり、「死」について真剣に考えたりするのは、人間だけなのだ。

ホッブズは、人間は闘争し合うから、社会には「法律」みたいな約束が必要だと論じた。じゃ、なぜ私たちは闘争し合い、殺し合うのか。それも、「未来」が予想できるためだ。十年後のため、老後のため、子孫のために、人間は「今、必要なもの」だけに満足することができない。だから、どんなに社会にモノが溢れても、欲望の食指は動き続ける。

ただ、ホッブズが考えたように、殺し合う未来を見据えて、社会を調整する能力も私たちには存在している。なので、「未来」について慎重に考えることでしか、未来は制御できない。

ところが、伝統的な仏教教団は、未来への感覚があまり鋭くない――わたくし(藤丸)も含めて。すぐ先の未来さえ、あまり気にしてない。そのため、「さすがお坊さんは、動じませんね」

と褒められたりするのだが、要は、これまで私たち僧侶が「変わらない」ことを専門としてきたにすぎない。それは確かに一つの価値でもある。そんな僧侶の不得意分野の一つが、変化が激しく、日々新たな様相を見せるネット社会である。本章の著者の一人である藤丸にも、おぼろげにしか、その姿は見えてない。さらに「ネットは、どんどん変化している」という常套句があるが、その変化の速度さえ実感できないでいる。

そこで、本章では、情報系の大学で研究をしている本願寺派僧侶・雲居玄道先生――わたくし藤丸は、敬意を込めてゲンドー先生と呼ぶことにする――に、ウェブの現実を教えていただき、そのビックリさ程度を、読者の皆さまにお伝えしたい。


「ゲンドー先生、まず、最初に……えっと質問さえ浮かばないのですが」

「たとえば、これから十年くらいの間に、葬儀がどうなるか、ウェブを見るとよくわかりますよ～藤丸さん。たとえば、これ！」

苦笑しながらゲンドー先生は、ウェブ上に当たり前のように出てくる「ウェブからの葬儀予約」に関するデータを出してきた。それでは、読者の皆さまに質問。

「ウェブで予約されている葬儀の何パーセントが宗教者が関与しない直葬《ちょくそう》でしょうか？」

①三〇パーセント
②四〇パーセント
③五〇パーセント

答えは③。ちょっと驚かされる現実だ。これはもちろん「今」のことだ。僧侶の方はよくご存知だろうが、葬儀を予約する世代は五十代以上が中心。つまりネットを使うことになれていない世代から予約は来る。これがたとえば十年が経過して、今の四十代が中心になっていったとき、つまりウェブから予約しようという人が増えたとき、葬儀事情はどうなるだろうか⁉ 都市部の直葬の割合は、すでに二割以上と言われている。葬儀から、少しずつ僧侶がいなくなっている。十年後は……僧侶にとっては、まさしく予想したくない未来だ。

これだけでも衝撃的だが、さらにネットの普及が、直接的に宗教に影響を与えるという研究成果もある。ＭＩＴ（マサチューセッツ工科大学）のアレン・ダウニー教授は、ネットの普及によって無宗教の人が増えているという調査結果を発表した。二〇一四年七月の『ウォールストリート・ジャーナル』に掲載された「グーグルは神に取って代わっているのか」(Is Google replacing the God?) と題された論文によると、無宗教人口の増加曲線とネット人口の増加曲線とがみごとに一致しているではないか。教授は、その統計資料を基に、両者に相関関係を見ることができると論じている (http://online.wsj.com/articles/christine-rosen-is-google-replacing-god-1402614743)。ごく端的に言えば、ネットが普及すると無宗教の人が増えてしまうことを、統計的に指摘したわけである（教授は、因果関係があるわけでないとも述べている）。「グーグルが神に取って代わる」というのは、何とも刺激的なタイトルであり、その内容の正否は置くとしても、こうした状況を看過することはできないだろう。

あくまでも個人的な感覚だが、葬儀の依頼の数字と合わせて考えれば、ネット世界への依存度が高い世代に対して、教団が情報を提供していないため、宗教に触れる機会が失われ、無宗教化が進んでいると理解することもできるだろうか。

「ゲンドー先生、緊迫感が出てきました。質問していいですか？」

「何でも、どうぞ～」いつも笑み（苦笑）を絶やさないゲンドー先生は、実に頼もしい。

## 二　若者は、ニュースを、どこで見ているのか？

「ゲンドー先生、宗教教団は対応してないと言われますが、結構、宗門の記事は新聞に掲載されているんですよ。そういう意味で言えば、宗教はかなり情報発信できているとも感じるのですが……なぜウェブ上に、あまり情報が出ていないのでしょう？」

「新聞ねぇ～～藤丸さんは、新聞を読みますか？」

そう問われて、戸惑いを感じた。確かに、私は「日本経済新聞」を携帯で読んでいるが、紙の新聞は読んでいない。自宅でも、新聞を購読していない。

また全国紙各紙の公称実売数は、読売で一〇〇〇万部、朝日新聞で七二〇万部なのだが、広告との関係があるため実売数は判然としないらしい。若者の新聞離れが進んでいるという報道も、しばしば目にする。ゲンドー先生曰く「すでに、新聞からの大本営的情報を見る時代ではなくなった」らしい。そこで、いくつかの学校で、学生対象のアンケートを行ってみた。まず、理科系の大学生を対象にした「新聞購読していますか?」の結果。

下宿している学生　三／一八六名（たったの三人!）

自宅通学の学生　　四四／五八名

次に、自宅学生四四名の中で、「新聞を毎日ではないが、定期的に読んでいる人?」と質問すると、「定期的に読む」はたったの九名。つまり、二四四名中、新聞を定期的に読んでいる若者は九名にすぎないのだ。四パーセント以下。下宿学生に至っては、購読しているのは一〇〇人に一人か二人といった惨状。実は仏教系総合大学と専門学校（僧侶になるための）でも調べたのだが、およそ同じような結果であった。総合大学文系学生六六名への調査では、自宅学生が多く、自宅学生五〇名中、「新聞をとってない」学生は二二人（四四パーセント）に及び、新聞をまったく読まない学生は三七人（約七四パーセント）に上った。ちなみに「お坊さん専門学校」（寮がある）では、下宿学生で新聞を購読している者はゼロだった。僧侶予備軍も含め、彼ら若者たちが一家の主になったとき、はたして新聞の購読実数は、どれほど、落ち込むことだろうか。

「ゲンドー先生、若者はニュースを見ないってことですか?」

「新聞はね〜」

「じゃ、テレビは?」

「テレビは、ある程度、見ているでしょうね。ただ、まったく見ない若者も多いですよ」

「じゃあ、ゲンドー先生、何で見ているんですか?」

いきなり、「まとめサイト」なんていう聞いたことのない言葉が出てきてしまった。そこで、また調査。テレビでニュースを見ている学生は、前記の理科系大学の場合一五九／二四四名でおよそ三分の二。そして、それ以外はというと、yahoo サイト・まとめサイト（NAVER など）・iPhone アプリ・SNS・LINEニュースサイト・google ニュース、その他のまとめアプリ……。

このように、ネット上からニュースを見ているのだ。この状況を簡単にゲンドー先生に説明いただこう。

「要するに、自分にとって必要な情報を、必要なときに、必要な量だけ見るんです。他者との会話に必要なトップニュースに関しては、まとめサイトのランキングを見る。トップニュースを一〇個だけ見ておけば、日常会話的に問題ないのです。必要性が生じたときにだけ、情報を深く掘り下げる。こんな風に、多様性をもってしまったのが現代であり、共有する情報の範囲がグッと小さくなったんです。たとえば、最近のドラマで、みんなが見たのは『半沢直樹』だけですから。学校で、みんなで同じドラマのことを話題にする時代ではないわけです」

## 三 本願寺の何が検索されたのか？

それでは、いったいネット上で、本願寺派の何が見られているのだろうか？

次にゲンドー先生から見せられたのが「人気度の動向」という折線グラフである。太い線が「本願寺」の検索数の動向、実線は「西本願寺」というワードの検索数。そして、破線が東本願寺。さて、この中にいくつかの盛り上がったところ、つまりピークを見ることができ、そこにA〜Dを付してある。さて、読者の皆さんには、これらA〜Dが何に当たるか、おわかりだろうか？

A〜Dは、時間順に振ってある。

まずAは、二〇一四年の三月。とある映画の完成報告会が行われた。

次のBは、春休み、さわやかな青年〇〇たちの活躍。私もビール片手に応援した。

続いてCは、二〇一四年の四月。これは難問である。

最後のDは、二〇一四年の六月。これは言わずもがな。一般紙全紙に、記事が数多く掲載された。

さて、答えは、以下の通り。

A　幕末高校生　本願寺

B　西本願寺　龍谷大学平安　センバツ優勝報告

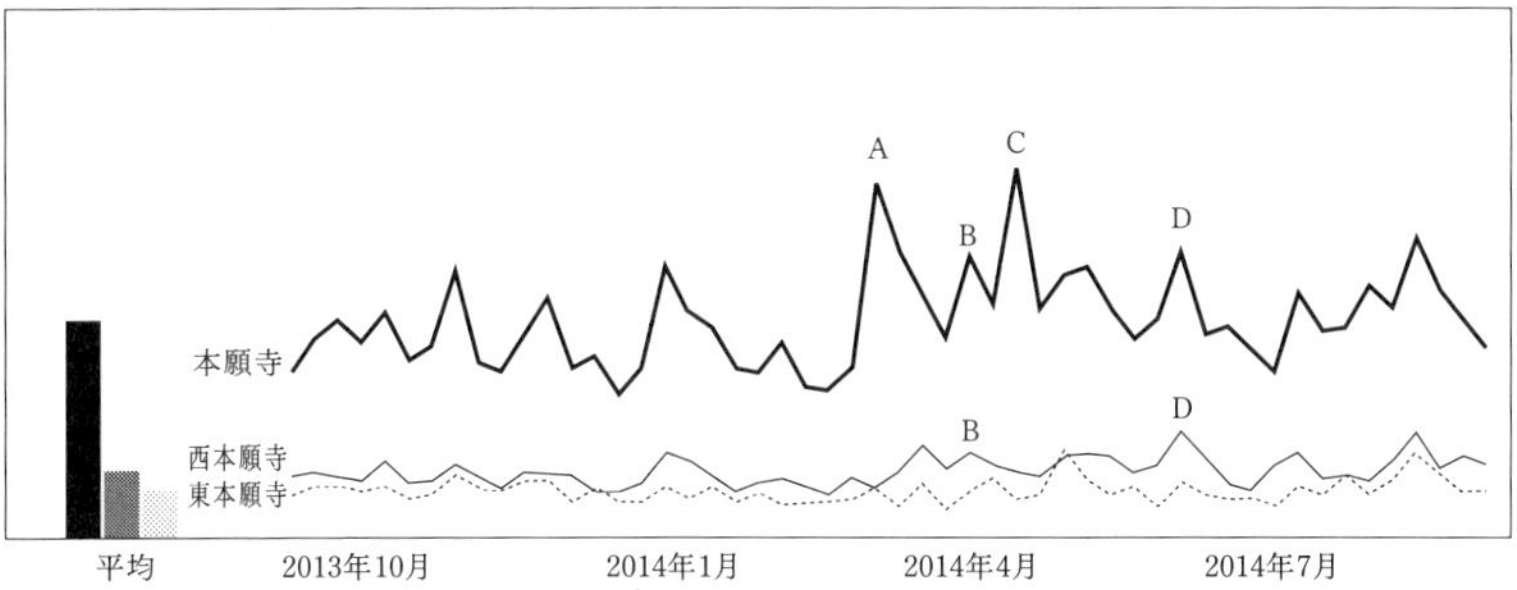


本願寺　人気度の動向

C　春の法要　飛雲閣公開

D　法統継承式

やはり、それぞれのピークに、それなりの原因がある。ニュースになるような出来事があると、曲線の山が高くなる。Bのように、龍谷大学平安高校が優勝したり、Aのように、『幕末高校生』という映画が本願寺で撮影されたことがニュースになると、山が高くなる。しかし、「あれ？」と思った方も多いだろう。ネットの検索数による人気度では、僅差だが「春の法要」が「法統継承式」よりも高いのだ。

「法統継承式」とは、本願寺派の本山である西本願寺の住職が交替するときに行われる大切な式典であり、注目度はとても高かった。全国紙すべてに記事が掲載され、新しい門主の発言も各紙に引用された。

一方、「春の法要」のほうは、毎年恒例の行事であり、本願寺の国宝飛雲閣が公開される。文字通りのニュース性（新しい情報という意味）は、圧倒的に「法統継承式」≫「春の法要」である。にもかかわらず、「春の法要」の人気度が高くなった。これには、どのような原因が予想されるだろうか。

まず、前述の通り、新聞に掲載されても、そのままネット社会で情報が流通することにはならない。新聞を見て情報を得ている世代と、ネットで情報を見ている世代は層が異なるため、両者は強い相関性を示さないのだ。これは、先ほどの若者が、新聞でニュースを見ていないという調査結果とも一致する。新聞を見ていない若者は、新聞情報を元にネット検索をしない。

しかし、新聞とネットの相関性がさほど高くないとしても、「春の法要」の人気度がなぜ高いのだろうか。この理由を考えるための面白いデータを、ゲンドー先生が二つ提供してくれた。

## 四 実用性が、情報の価値を左右する

「人気度を見ると、春の法要が、すごく見られているのですね〜」

「すごく見られている⁉」

「だって一位じゃないですか」

ゲンドー先生がまた苦笑。

「それじゃ、次の数字を見てください。これは、二つの言葉を組み合わせて検索したときにヒットした数です。この数字は、ネット上にある情報の量を示すことになります」

「数が多いと、ネット上のいろんなところに、情報があるということですね」

「まあ、簡単に言えば、人気のある情報ということで、数多く引用されているということです。

①〜④の数字は、下のどれと結ぶことができるでしょうか？」

①二五、六〇〇　㋑本願寺—葬儀
②六二、六〇〇　㋺本願寺—春の法要
③一八八、〇〇〇　㋩本願寺—幼稚園
④三〇七、〇〇〇　㋥本願寺—焼香

ゲンドー先生が出したこの質問。実は、私は半分正解。②と③の答えを逆にしてしまった。皆さまは、おわかりだろうか。

正解は、以下の通り。

①—㋺（本願寺—春の法要）
②—㋥（本願寺—焼香）
③—㋩（本願寺—幼稚園）
④—㋑（本願寺—葬儀）

実は、〈本願寺—葬式〉も三〇万以上ヒットするので、④の数字と足すと七〇万件近くのヒット数となる。

つまり、先ほど見た「春の法要」は、一年間の中でピークとなった時期ではあるが、実際に、普段から調べられているのは、「焼香」や「幼稚園」や「葬儀、葬式」といった言葉なのである。これらの共通点は、言うならば「生活情報」である。つまり、生活に有用な情報が調べられているのだ。確かに、私が普段ネットを活用しているのも、近所の飲食店だったり移動先までの交通手段や新幹線の時刻だったり……。つまり、ネットに流通している情報は、日々の生活にとって有用なものなのだ。

「焼香が少ないように思うかもしれませんが、〈焼香〉だけで見ると、五〇万件ほどヒットします。そして、ここからが問題。五〇万件出てきますが、本願寺派関係は、最初のページにも出てこない、次も出てこない、次もないですね……ずっと出てきません」

そうなのだ。本願寺派の〝公式〟HPはもちろんのこと、本願寺派の各寺院のHPで焼香について記述しているものも、上位にほとんど出てこない。つまり、「今度、法事に行くから、焼香の仕方を調べたいな」と思った人は、たいがい他宗派のHPを見ているということになる。

そして、たとえば曹洞宗は、ちゃんと公式HPが上位に来る。確かに、「焼香が正しくできたらお浄土へ往生できる」と浄土三部経は説いていない。だから、焼香について説明することは重要度が低いと考えることもできる。しかし、先の曹洞宗HPを見ると、ちゃんと周辺に、教えの情報が存在している。つまり、焼香作法を曹洞宗HPで見た人のうち、ある程度の人は曹洞宗の教えを見ているだろうと予想される。焼香の情報が、座禅の仕方とか道元さんの教えに触れるきっかけになっていると思われるのだ。

「焼香」だけではない。実用性の高いワードのヒット数は軒並み大きい。

「お布施」約七〇万件、「香典」約八〇万件、「お墓」約一五〇万件、「葬式」に至っては、ほぼ四〇〇万件、さらに「墓地」は一四〇〇万件。ため息が出そうになるが、これでネットの情報の実態は、十分にご理解いただけたことだろう。

繰り返すが、要は実用性なのである。新聞やテレビは、メディアが選択して情報を流す。しかし、ウェブでは、一人ひとりが自分の欲しい情報を探す。そのため、人々にとって「必要な情報」が多く流通することになる。これがウェブ上の情報流通の特徴なのである。ネットの世界には、生活にとって便利な実用性の高い情報でいっぱいなのだ。

ちなみに、「お寺」は約三二〇万件、「寺院」は約一五〇〇万件。この数字、皆さんはどう理解されるだろうか？

## 五 商品としての流通が情報量を左右する

「ゲンドー先生、ウェブ上の情報のこと、わかってきました！　生活に根ざした情報が重要ということですね!!　人々がほしい情報と、ウェブ上の情報量は関係すると理解しました」

あれ？　またゲンドー先生、苦笑。

「残念ながら、それほど単純でもありません。情報が支配する時代になったということは、その情報をコントロールしようとする人々が出てくるということです。藤丸さんは、本を出されましたね？」

「はい。『ボランティア僧侶』ですね」

「それでは『ボランティア僧侶』の検索数を見ると……三一〇、〇〇〇件です」

え、結構な数だ。ちょっと嬉しい。

「でも、そんなに売れてないのですが」

「これが流通させる力です。流通させようとする人々は、商品を売るために、必死でウェブ上の情報量を増やそうとしています。これは、宗教教団にとって容易なことではないです」

ゲンドー先生の説明はこうだ。商品を売るためには、商品を知ってもらわなければならない。商品を、広く多くの人に知ってもらうためには、ウェブ上に多くの情報を流す必要がある。本の場合は、出版社をはじめとして、個々の書店や通販サイトなども積極的に情報を流す。読んだ読者も書き込みをする。その結果、膨大な量の情報がウェブ上に拡散することになる。企業は、このようにウェブ上の情報量を増加させるために、多くの労力を割いている。こうした活動は、宗教教団には難しい。

確かに、本願寺のヒット商品『13才からの仏教』は九〇万件。法藏館から出ている梯實圓先生と浅田恵真先生が書かれた『闇を照らす光りの言葉』も五〇万件のヒット。この情報量は、本願寺で行われる「行事」と比べると数字が一桁違う。

「これを逆手に取って、ネット世界でのプレゼンスを高めることも可能なわけです」とゲンドー先生は言う。確かに、仏教界の有名人を考えてみると、臨済宗のSさんやGさんは小説家だし、密かに私もHPを愛読している大谷派のKさんも、たくさんの本を出版されている。本願寺派の敬愛するM先生も内緒で検索してみたが、六五万件以上の情報がウェブ上に存在している。こうした方々が知名度を上げることを目指しているとは思わないが、これだけの情報量が出ていると、おのずと多くの人々の目に触れていくだろう。

「本を書くというのは、発信を仕事としている人にとっては、名刺を極めて効率的に配るようなもので、認知されるだけでなく信頼の源泉にもなるわけです」

「なるほど、名刺かぁ」

　しかし、これだけ情報が出ていることへの心配もある。知られていると、批判や攻撃が怖い。たとえば〝炎上〟について、しばしば聞くではないか。

「そもそも無理です。炎上すれば大したものですよ。芸能人のTwitterは、多い人だと数百万人もの人がつねに、芸能人の書き込みを追いかけているわけです。だから、多くの人がいっせいに批判して〝炎上〟するのです。そんなに簡単に炎上することはありません」

　〝炎上〟とは、何らかの問題発言や不祥事などを契機として、当事者が開設している双方向メディアに、大量の抗議や批判意見が集中してしまい、収拾がつかない状態となることである。このような事態が、宗教教団の双方向メディアに起きるためには、相当量の人が教団の発信する情報を追いかけていることが前提となる。注目度が高いから炎上するのであり、双方向メディアを使用していることが認知されてないと、炎上する可能性がないということらしい。

「ゲンドー先生、絶望的な気持ちになってきました」

「藤丸さんは、絶望しているだけ、ましです。まずは、教団内に絶望する人を増やしましょう」

ゲンドー先生の言葉に、少しだけ慰められた。

## 六 英語とウェブ上の公共性

ここまで見てきたものは、ネットをめぐる状況の、ほんの一端にすぎない。大海の水を、髪の毛先ですくったほどのことで、到底、ネット社会の現実を俯瞰することはできてない。さらに、こうしている間も、ネットという新しい欲望のシステムは、変動し続けている。

本書は、「公共性」をテーマとしている。小林先生が第八章の解説の中で「宗教が価値を発信することと社会の関係」について論じ、また第0章のジレンマ11で宗教が価値を発信する上での課題を提供された。

「公共性」とは、発信とそれに対する応答、すなわち「対話」が生まれていることを大切にする。そうすることで、声が届き、排除されることのない、自他ともに豊かな社会が生まれると考える。そのため、発信する場があること、発信する機会があること、さらに発信し続けていくことが、「公共性」を維持する上で重要である。

しかし、私たち宗教者は、「この新しい情報世界の中で、発信することができているのだろうか?」というのが、本章のテーマであった。この点については、暗澹たる気持ちのままだ。

ただ、ここまでゲンドー先生にご教示いただいてきたのは、日本語のウェブのことにすぎない。ウェブは、言うまでもなく「英語」中心の世界である。たとえば、「葬儀」ではなく、葬儀を意味する英語 funeral で検索すると、280000000とゼロが七つ並ぶ。Google 上で三億近くヒットするのだ。Buddhism も、およそ四五〇〇万件。トップのページにはタイやチベットの仏教紹介ページが登場する。はたして、この何番目のページに浄土真宗に関係するページが登場してくるのだろうか？　発信力とは、今や、このレベルの問題なのだ！

これまで、僧侶やお寺は、対面型のコミュニケーションを大切にしてきた。ヴァーチャルなものでなく、リアルを大切にしてきたと言えよう。もちろん、今でも、ホンモノを提供することに、宗教の大切な役割があることに変わりはない。

そのなかでも、伝道を進めていくために「文書伝道」が推進され、お寺の新聞を発行したり、手紙を用いての伝道教化が進められてきた。しかし、これから十年くらいの間に、情報が伝わっていく方法の大きな変化が「末端まで浸透していく」時代となるだろう。その状況に、どのように対応していくのかが大きな課題となることは間違いない。宗教教団は、若者への伝道の困難をしばしば語る。その根底に、ネット社会への対応の不十分さがあることは言を俟たない。

そもそも、メディア（media）という言葉は、「媒介」を意味する。情報を媒介するので、テレビ、新聞、ラジオ、そしてネットもメディアと呼ばれているわけだ。実は、このメディアという言葉——古くは、神や仏と人々を結ぶ（媒介する）ことを意味していた。つまり、仏さまの情報を伝えること、実在や普遍を伝えるのが、メディアだったのだ。今、ネットというメディアが、私たちが生きる世界を支配しつつある。情報を伝える「メディア」は、宗教がかつて世界を形成していたように、確実に、私たちの生きる世界の形を変えていく。しかし、この変化によって、実質的に失われていくものは何なのだろう。直接的には、従来型の「媒介」の役割が失われていくことになるだろう。すなわち、お寺やお坊さん。すでに、街のカメラ屋さん、電気屋さんといった小売店が姿を消しつつある。本をAmazonで購入すると、街の本屋さんの売れ行きが落ち、お店がなくなってしまう。大きなジレンマであるが、宗教がネットに対応し、たとえば教団を代表する教学の権威が双方向で教えを発信したりするようになると、役割の一部を喪失するのは、街の僧侶ではないだろうか（もちろん、街のお坊さんには、他の重要な役割がたくさんあること、存じております よ。私もそうですから）。そう考えると、情報の開示だけでなく、「秘仏」のように情報を閉じるということも、戦略的に、宗教は考えなければならないだろう。また、宗教が「教え」に純化されるものと理解するならば、教えは一種のtextなわけで、むしろネットへの適応度が高いと言える。そういう時代状況だからこそ、あらためて、ウェブへの適合性が高い「情報」にとどまらない、五感全体に訴えかける宗教的価値を発見し、きちんと評価していくことが求められるだろう。

また、ヴァーチャルという言葉。この言葉は、ヴァーチュー（virtue）に由来している。ヴァーチューは、美徳や価値を意味する。なぜ、この言葉から虚像を意味する意味が生まれたかというと、美徳や価値、そして実質は、目に見えるものではないという点で、仮想世界と類似しているためだ。宗教は、現象の彼方にある実在（reality）を対象としてきた。つまり、仏教では、この現象世界を、人間が認識した仮のものにすぎないと考えている。まさしく、現象世界そのものも、仮想世界なのだと。それでは、ネット上の仮想世界と、私たちの脳が認識した現象世界とは、そもそも何が違うというのだろう？　目・耳の感覚器官からだけか、鼻や皮膚という感覚器官からも情報が入手できるかという程度の違いなのではないか？　仏教は、人間を本来的に情報に左右される存在（分別する存在）と規定している。その虚構性を問題にしていた仏教者から見れば、私たちは、いよいよ現象世界という虚構を、さらに虚構化した世界を生きるようになりつつある。紙幅の制限から問題提起にとどまるが、宗教に、何かしら根源的な問いを投げかけてはいないか。

話を元に戻そう。本章では、いくつかのデータから、ウェブと宗教について検証してきた。その結果、日本仏教は、ウェブ社会での「公共性」を失いつつあると結論づけた。発信力をもっていないし、そのことに無自覚でもある。情報化社会の問題は、社会だけでなく、人間のあり方さえ変化させつつあるように、古典的人間の私には感じられる。可塑性の高い若者に起きている変化は、理解さえできない。こうした変化について、真剣に分析していかなければならないとアナログ藤丸は思う。ゲンドー先生には、また苦笑されそうだが……。

＊本章の数字は二〇一四年十一月のGoogleのデータを基にしている。

コラム

# ネット社会の僧侶たち

原稿の執筆に飽きてくると、ついついネットで検索しはじめてしまう。逃避である。そのとき、ふと思いついた。「ネットで一番出てくる本願寺派の僧侶は誰だろう?」本願寺派の有名僧侶を、まず五人。やはり、釈徹宗先生。たくさんの仏教本を執筆されている。近著『おてらくご』も大人気だ! 次は……梯實圓先生(故人)。いわずもがな、本願寺派勧学。それから、やはりネットといえば、松本圭紹氏。氏は、グローバルに活躍しているが、一応日本語だけで検索することにしよう。さらに、森田真円先生。本願寺が「何でもいいから書いてください」と執筆をお願いするのは、梯先生と森田先生だけと言われている。あと、まあ、藤丸も入れておきましょう。さて、結果は……ジャンジャカジャーーン。

一位　松本圭紹　一〇、七〇〇、〇〇〇ヒット
二位　森田真円　六五六、〇〇〇ヒット
三位　梯　實圓　一一八、〇〇〇ヒット
四位　釈　徹宗　七八、〇〇〇ヒット
?位　藤丸智雄　一、〇四〇ヒット(涙、、、)

というわけで、松本氏圧勝でした~。皆さん、許可なく検索してゴメンナサイ。

(二〇一四年十一月現在)(F)

# 七 CHAPTER 7

# 「お寺」と地域の公共性
## ――なぜ、寺は潰れないのか？

菊川一道

医院がなくなり、スーパーも学校も電気店もなくなった地域に、しぶとく残るお寺。そんな状況にあるお寺について、「つながり」「おたがいさま」の理論＝社会関係資本から考察する。日本社会が抱える課題とお寺との関係を論じ、お寺の未来について展望する。

# 一 地域とつながる寺

新幹線の車窓から風景を眺めていると、寺の姿がときおり見える。山のふもとに佇む寺。田園地帯に位置する寺。住宅地に境内を構える寺。それぞれ伽藍は異なり、地域によっては屋根の色まで違っていて興味深い。そこには一つとして同じ寺はない。

在来線に乗り換えて電車に揺られること二時間あまり。のどかな田園風景を眺めながら到着した先は、限界集落を抱える日本有数の過疎地域。駅前には商業施設がいくつかあるが、十分も車を走らせれば辺りは見渡す限りの山々で、スーパーもコンビニもない。信号もない山道を四十分ほど走り続け、ようやく目的地にたどり着いた頃には、すでに辺りは薄暗くなっていた。周囲にいくつか民家が確認できるが、電灯がついているところはなく、人の気配も感じられない。辺りは空き家が多いようである。

その集落を見下ろすように、一軒の寺がある。石段の向こうに見える本堂は、一見、どこにでもある寺のようだ。しかし、石段を上りきる頃にはその寺のただならぬ様子が目に飛び込んでくる。本堂の障子は破れに破れ、朽ち果てた柱は今にも崩れ落ちそうだ。境内は生い茂った雑草と伸びきった木々の枝葉に覆われ、寺の全貌はうかがえない。私たちが普段目にする手入れの行き届いた寺のような息吹はそこにはない。夕闇に沈む寺の様子は、物の怪の気配を感じさせるほどに、おどろおどろしい。それを前にすると、一瞬言葉を失う。以前はこの石段を参詣者が行き交ったことだろう。子どもたちが境内を走り回ったこともあるだろう。この寺が廃寺に至るまでにはいったいどのような物語があったのだろうか。

多くの人は、廃寺が引き起こされる原因を経済的理由に求めがちである。筆者自身もそう考えていた。しかし、この廃寺を案内してくれた隣寺の住職は言う。「ここが廃寺になったのは、経済的な理由じゃない。それは、人間関係であった」と。人間関係？　いったい、どういうことだろう。無言の寺の声なき声をもっと聞いてみたいと思った。

「本願寺白熱教室」（六条円卓会議）の中、ジレンマ8は、寺院は門徒を対象に活動すべきか、すべての人に開かれた活動をすべきかと問うた。この小林氏の問いかけに対して、参加した僧侶たちの大半は、「あらゆる人々に開かれた空間であるべきだ」という意見を示した。

近年、「ソーシャル・キャピタル」（社会関係資本）というテーマのもと、寺院が生み出す「人と人とをつなぐ力」に注目が集まっている。この考え方は、「無縁社会」という言葉が使われるようになるほど人間関係が希薄になった社会において、寺が人々のつながりを結び直す重要な役割を担っていると評価する。社会学の視点から全国の寺院の実態調査が行われ、寺を通して門徒や地域住民どうしの横のつながりが醸成されていく、そのプロセスが、櫻井義秀氏（北海道大学教授）をはじめとする研究者の手によって明らかにされつつある。これらの研究は確かに、これまで見えにくかった寺院がもつ潜在的な「つなぐ」力を「見える化」させることに成功している。

だが、そこで取り上げられる寺と地域の〝美しい描写〟に対して、ときに違和感を覚えないこともない。そもそも、人とのつながりは厄介なことも多い。また、一口に「つながり」と言っても、つながりの濃さや、つながりの性格などにおいて多様な面がある。

そこで本章では、限界集落と呼ばれるような地域における寺院の実例を通して、美談に収まらない寺の実態の一部を紹介しながら、地域共同体の人間関係の複雑さや寺院運営の困難さにも目を向けつつ、寺院と「つながり」の関係について検証する。

## 二 寺が消える

一九八八年（昭和六十三）、ＮＨＫが放送した「寺が消える」という特集番組を記憶する寺院関係者は少なくない。ＮＨＫなどが島根県の過疎地を中心に二三九ヶ寺を調査したところ、七七の寺院が住職不在の状況にあり、そのうち二九ヶ寺は本堂などが倒壊していた。消えつつある寺をなんとか維持しようと奔走する住職や近隣住民の姿も取材され、その光景が日本全国に配信された。「地方の時代賞」を受賞した本番組は、仏教界はもとより社会全体にも大きなインパクトを残した。事実、本願寺派が調査したデータ（『宗勢要覧』）を確認してみても、一九八八年から過去十年間、毎年平均五ヶ寺程度が解散していることが確認される。寺は確実に消えていたのである。

冒頭の廃寺（以下、A寺）に話を戻そう。当時の事情をよく知るという隣寺の住職（以下、B氏）から話を聞いた。B氏によると、A寺は一九九〇年頃に廃寺手続きがなされたという。当時、A寺には住職夫妻が住んでいた。住職（六十代）は農業関連の職に従事しつつ寺の法務に汗を流し、妻の坊守（五十代）もまた公共施設への勤務の傍ら寺を支えるという日々であった。過疎地に多く見られるいわゆる「兼業寺院」だ。寺の所属する町内会は当時一〇戸ほどで構成されており、その多くが門徒であった。もともとは、林業や果樹農業で栄えた村だったが、そうした地場産業の衰退や病院・スーパー不在の生活不便さを理由に村を去る人が後を絶たず、廃寺に至る時点で一〇戸が残るだけとなっていた。A寺周辺では、日本有数の過疎化がまさに進行していた。

前述の「寺が潰れたのは経済的理由ではなく、人間関係だった」ということについて、詳しく尋ねてみた。A寺の村は地縁・血縁を土台にした旧来型の共同体であった。あるとき、選挙運動がきっかけとなって、住民（＝門徒）の関係に亀裂が生じた。これ以降、村人が互いに生活を支え合う関係が壊れ、交流が断たれ、村が分裂したという。そして、その影響が寺にも及ぶ。寺が法座を開いても、関係の壊れた門徒どうしは互いに顔を合わせたくないという理由で、お参りしなくなった。

住職は、その村では若手で、民生委員を務めるなど日頃から地域活動に積極的に貢献し、村の舵取役であったこともあり、住職夫妻は住民の関係改善に尽力した。しかし、夫妻の働きかけもむなしく、住民の関係はいよいよ悪化した。そして、寺への寄付をめぐり、争いの矛先はついには夫妻にも向けられる。住職夫妻は、中立的立場のつもりであったが、「誰々の肩をもっている」などと批判され、彼ら自身も地域で孤立し、寺もまた孤立した。

この頃、A寺の坊守が「もう疲れ果てました」とつぶやいていた姿を、B氏は忘れられないという。こうして、住職夫妻は寺の歴史に幕を下ろす決断をくだす。廃寺にするには、門徒を中心に構成される総代会の承認がいるが、その提案を引き留める者もいなかった。そして廃寺手続き完了後、夫妻は村を去った。たとえ廃寺となっても、地域住民によって本堂や境内は引き続き手入れがなされるケースもあるが、地域と揉めごとを抱えていたA寺は、住民によって管理されることもなく朽ち果てていった。

この寺の事例は、お寺と「つながり」について重要な問題を投げかけている。そもそもA寺のある村には一〇戸ほどしか住民が残っていなかった。この状況は、社会関係資本の視点からすれば、互いに支援し合う「つながり」を必要としている状態にある。

しかし、この地域の「つながり」は地縁・血縁を下地とする密接度の高い選択不可能なものであり、近代以前の旧来型の形態を色濃く残したものであった。詳細は次節に譲るが、社会関係資本は「つながり」を重要視するけれども、それは従来型の共同体的「拘束」の再生を目指すものではない。個人の自由な状況が生まれてきているなかで、必然的に個々人がバラバラになっていく状況において、人々の「生」にとって必要と思われる「つながり」を評価するのが社会関係資本の基本的な考え方である。つまり、人々の関係が「近代化」「個人化」している文脈の中でこそ「つながり」が重視されていくわけだが、この地域の場合には、むしろ前近代的な密度の高い拘束する関係が残っており、それが「つながり」を破綻させていったとみることができる。

もう一点、重要と思われるのは、「つながり」がお寺を中心とするのではなく、ましてや教えが軸になっているわけではないという現実だ。もちろん、宗教的なものも「つながり」の要素としてはたらいていることを否定するものではないが、寺の実態は、「つながり」の上に存在していたと言うべきで、寺が「つながり」を中心的に創り出していたわけではない。もし、宗教的救いが「つながり」を作っていたのであれば、村の分裂とは無関係に寺へのお参りが行われたり、寺の存続が希望されたりしても、おかしくなかったはずだ。しかし、こうした地域の信仰は、むしろ地域のたしなみであり、共同体のつながりを確認することと関係が深いものであって、そのため、信仰の基盤となっている村が壊れてしまうと、信仰を促す契機、共同体からの強制力が失われ、寺の存続が危うくなってしまうのだ。

こうした分析がA寺のケースに、そのまま合致するかどうかは明確でない。しかし、記述の通り、共同体の拘束型のつながりによって信仰が支えられていた面があるということは、種々の状況を見る限り、否定しにくいだろう。

さて、分析を確かなものにしていくために、社会関係資本の理論を見ていくこととしよう。

# 三 「つながり」を考える

## ①「ソーシャル・キャピタル」（社会関係資本）

以前、あるテレビ番組で、アフリカの人から日本の笑福亭鶴瓶さんまで何人の知り合いをたどるとつながるのかという実験が行われた。結果は一四人。私たちは想像以上に世界とつながっていて、小さな世界（スモールワールド）で生きているようだ。

事実、このスモールワールド現象を裏づけるアメリカの興味深い研究がある。心理学者のスタンレー・ミルグラムは、アメリカのネブラスカ州在住の一六〇名が、ボストン在住の男性Y氏まで友人を介して手紙をリレーさせると、いったい何人を介して届くのかという実験を行った。その結果、平均六名を通して手紙がY氏まで届くことが判明した。こうした人と人の「つながり」の重要性を再確認し、社会に役立てようという試みが「社会関係資本」と日本語訳される「ソーシャル・キャピタル」（social capital）という議論である。

従来、人々の社会関係は地縁・血縁をベースに成立していた。しかし、労働力の流動性を前提とする資本主義の定着により、そうしたつながりは徐々に弱まった。とりわけ、戦後日本においては、家（イエ）や村（ムラ）の解体が顕著となり、人々はそうした小さな共同体の枠を超えて、より広範な社会で生活するようになる。さらに、一九五〇年代半ばからの高度成長期による都市化、工業化、核家族化に伴う人間の流動化によって、人間関係の希薄化に拍車がかかった。

こうした状況を経て、現代は情報化社会によって世界はより小さくなりつつあるが、「つながり」の質は変化している。人口減少が進む過疎地ではますます人々のつながりは弱まり、一方の都市部でも、マンションの両隣に誰が住んでいるのかわからないということが常態化している。人口密集地帯であっても、つながりがないのが実態である。このことはある面、地域共同体の息苦しい束縛から解放されて、自分のライフスタイルを自由に選択することを可能にした。この点については、人権を尊重する社会が実現されたと評価されうる。しかし、その裏では集団に守られていた個々人がバラバラになったことで、相互扶助的関係が崩壊し、治安は悪化し、人々の孤独や不安は増大し、孤独死も生じるようになった。「無縁社会」という言葉は、こうした状況を象徴する用語として人口に膾炙した。

そうしたなか、**従来型の地縁・血縁などの地域共同体的な社会関係とは異なる自発的な社会関係の構築が「ソーシャル・キャピタル」（社会関係資本）の目指すところである。**ハーバード大学教授で社会関係資本研究の第一人者、ロバート・パットナムは、名著『孤独なボウリング――米国コミュニティの崩壊と再生――』（原著二〇〇〇年、日本語訳二〇〇六年）の中で、ソーシャル・キャピタルについて「**個人間のつながり、すなわち社会的ネットワーク、およびそこから生じる互酬性と信頼性の規範**」と定義した。つまり、人と人、人と社会との「**つながり**」や「**絆**」、そしてそれらから生じる「**信頼**」や「**お互いさま**」「**もちつもたれつ**」と言われるような関係を、「ソーシャル・キャピタル」は意味している。

## ②社会関係資本は何をもたらすのか?

ところで、つながりや信頼は、私たちにいったい何をもたらすのだろう? 社会関係資本が私たちの生活に不可欠であることを示す有名な事例を紹介しよう。アメリカ・ペンシルベニア州にロゼトという田舎町がある。人口は千数百人程度。この町は、イタリアのある村からの移民が一八八〇年代に作った。ロゼトは周辺の町と生活水準がほとんど変わらないのに、一九五〇年から一九六〇年にかけて、町の心臓疾患による死亡率が周囲の町と比べて圧倒的に低かった。このことは、飲酒、喫煙、食事などの要因では説明できなかったという。このことは「ロゼトの奇跡」と呼ばれ、学術界などでも注目を浴び、『ロゼト物語』という一冊の本にもなった。本書を執筆した研究者は、この町がイタリア系住民の「共通の目的意識や連帯感」のおかげで、人間関係がきわめて良好であったと指摘する。住民の間には経済格差があったが、お金持ちが威張ることもなく、経済的な平等意識を大切にする隣人どうしの気遣いや、誰も排除されることがない配慮がその村にはあった。こうした住民のつながりが、日常的な共助を起こし、それが町の安心や安全につながった結果、個々人の健康状態にまで影響を及ぼしたと分析されているのである。

このロゼトの奇跡には続きがある。残念なことに一九六〇年以降、町の死亡率は周辺地域と変わらないものになってしまった。実はその裏で、ロゼトの一体感や平等を重んじる価値観もまた衰退していたのである。皮肉なことであるが、社会関係資本の充実度と健康状態が密接に関連することを示す出来事である。

ロゼトの事例にも現れているように、「絆」や「信頼」が豊かなところでは、人々の支え合いの行動が活性化することで、社会のさまざまな問題がおのずと改善されることが期待される。従来、絆や信頼はあくまで個人的な関係の中で重要性が語られ、そのことが地域や社会にまで影響を及ぼしているという発想はなかった。それに対して**社会関係資本は、絆や信頼が個人間を超えた領域へ恩恵をもたらし、人々の生を根源から支えることを重要視する**。ここに、「資本」と言われる理由があるのだ。

他にも、**社会関係資本は人々の健康、収入、教育、雇用、幸福感、犯罪発生率、そして政治参加やボランティア活動など、人間の根源的な生活基盤との相関関係が指摘される**。ゆえに世界各国がこれに関心を示し、社会政策に活用しようと努力している。日本でも内閣府が二〇〇三年と二〇〇五年に社会関係資本に関する調査を実施し、その成果は「ソーシャル・キャピタル――豊かな人間関係と市民活動の好循環を求めて」（二〇〇三年）と「コミュニティ機能再生とソーシャル・キャピタルに関する研究調査報告書」（二〇〇五年）にまとめられている。

**③社会関係資本の形**

パットナムは、社会関係資本について「**橋渡し型**」と「**結束型**」という二つの類型があるという。大ざっぱに言えば、「橋渡し型」とは、先ほどの笑福亭鶴瓶さんのテレビ番組の事例のように、互いに知らない相手どうしがつながっていく「芋づる式」「蜘蛛の巣式」の人間関係を指し、一方の「結束型」は、属性の似た人々が集合する「仲良しサークル」のような人間関係をいう。

「橋渡し型」

ＮＰＯや市民団体、町の料理教室やスポーツクラブ……寺院活動の場合でいえば、門徒の枠を超えて住民が集う「**盆踊り**」や「**子ども会**」など、多様な人々が参集するこれらの集まりは、いずれも「橋渡し型」の傾向が強い。橋渡し型は、性別・年齢・職業・地域などを問わず「異質なものどうし」を結びつける「つながり」を指す。たとえば、僧侶が学校教師のご門徒を介して役場職員と知り合い、役場職員を介して政治家と知り合い、政治家を通してプロ野球選手と知り合い、またその選手を介してアイドルグループのＡＫＢと……という具合に、属性に関係なく「芋づる式」「蜘蛛の巣式」に形成される人間関係のことをいう。「橋渡し型」のつながりは、属性が異なる相手と共有しているものが少ない分、**新たな知見や情報などを手に入れることができる**などのメリットがある。僧侶どうしだと、すでに共有している情報が多いが、もしプロ野球選手やＡＫＢのメンバーと知り合えたなら、彼らに関する情報はことごとく新鮮に感じるだろう。「えっ⁉」と思う情報は、多くの場合、別の世界で生きている人から入ってくるものだ。

「結束型」

一方、家族や親戚会、職場や商工会……寺院活動の場合でいえば、門徒を対象に開催される「**法要**」や「**婦人会**」等、肩書きや役職などの共通性を多く有する「同質なものどうし」が結びつく実態を「結束型」という。たとえば、「僧侶」という役職を通して、別の僧侶と仲良くなり、さらに別の僧侶と……というように、所属内で強固なつながりが形成される場合がそれだ。結束型のつながりは、その内部にいる人間どうしの**精神的な安定や信頼に寄与する**。さらに、団結力が生まれ、何かの**目標達成に非常に貢献する**。反面、外部の人たちが容易に入りづらいという一面をもつ。初めて寺に来た人が、すでにできあがっている門徒さんどうしの仲間に入りにくかったりするなど、つながりが閉鎖的な傾向にある場合などが一例としてあげられよう。このように、結束型はときに**他者に対して排他性を帯び、外部からの新しい情報などを遮断したりしてしまうなどのデメリットもある**。パットナムは、このような「つながり」が胚胎するマイナス効果を「社会関係資本の暗黒面」と呼ぶ。個人間の争いや揉めごとが地域のつながり全体に波及し、コミュニティが崩壊したA寺のような例もこれに含まれる。社会関係資本はその有益な側面にばかりに注目が集まりがちだが、つながりがときに負の作用をもたらす「諸刃の剣」であることに注意しなければならない。

　宗教が生み出すつながりは、多くの場合、結束型の傾向が強い。なぜなら、宗教的理想を宣揚し、同じ信仰の中に生まれるつながりは、その信仰を共有できないものに対しては閉じられたものである場合が多いからだ。そこには必ず排他性が備わり、その強すぎる「つながり」はトラブルの要因にもなりうるし、新たなメンバーが入ることを阻止することもある。そのため、排他性をいかに抑制し、閉じられたつながりをオープンなものにしていくかが課題となる。

# ❹寺は消えない

全国の小規模寺院を訪ね歩きながらふとある疑問が湧いた。それは、「なぜ寺は消えないのか?」という疑問だ。冒頭で廃寺の話をしておいて、「寺は消えない」などと掲げることにいささか違和感を覚えるかもしれない。筆者が言いたいのは、寺は絶対になくならないということではない。もちろん、寺が潰れればいいなどということでもない。そうではなく、人口が減り、スーパーが消え、八百屋が少ない、魚屋が店じまいし、クリーニング屋のシャッターが閉まった地域で、寺だけが生き残っている場合がある。それを不思議に思うのだ。

これまで本願寺派総合研究所で調査を行った多くの寺院は、門徒数が三〇~五〇戸程度であった。なかには、一〇戸にも満たない事例もあった。興味深いのは、それらの寺がすぐに消滅しそうな様子ではないことだ。「俺の代で終わりだな」「息子には継がせられないな」と言う人がいても、寺はすぐに潰れるわけではない。その仕組みは、あの竿竹屋さんが潰れない理由と同じだった。以前、『さおだけ屋はなぜ潰れないのか?――身近な疑問からはじめる会計学』(光文社、二〇〇五年)という本が大ヒットした。街を「竿だけ~」と販売している車を見かけることがあるが、そんなに売れている様子はない。お値段も一本、一〇〇〇円程度だ。それなのに、商売の姿が消えることもない。仕組みとしては、彼らの主たる収入が別にあるため、竿竹屋さんは簡単にはなくならないのだ。お寺もまた同様である。兼業か年金で生活しているため、そうした経済的に成立していない小規模寺院の運営が可能となっているのだ。

さて、ここで問いたいのは、体力的にも厳しい二足のわらじ生活をしてまでも当地で寺を続けるのはなぜかということだ。兼業しながら寺務もこなすので、仕事が二つあり、休みがない。ときには副業で得た収入を、寺の護持運営費として支出する。寄付を集めるときは、住職が一番多く寄付したりもする。このように、経済的にもマンパワー的にも、とうてい恵まれた環境とは言えない。そのため、外部から「暗い」イメージを勝手に描いてしまうのだが、実際には、おおいにイメージと反する声が聞かれる。ある過疎地の坊守は憤る。「私たちはここで楽しく毎日を過ごしている。可愛そうだなどと思われたくない」と。

実際、住職たちから聞き取りしていると、過疎地で寺を続けることを「苦痛」と感じている印象をもつことは少ない。住職たちのインタビューからは、「一人でも集落に聴聞者がいる限り、寺を閉めないことが仏に対する御恩報謝である」、「村の最後の一人が出て行くまで、私はここにとどまる」などの意気込みが聞こえてくるが、それらも悲哀に満ちた意気込みなのではない。彼らもまた住民として生まれ育った当地に愛着を抱き、幼少期から顔見知りの人々がいる現地の暮らしを大切にしている。寺を都会へ移動させて経営するよりも、兼業しながら、あるいは年金をもらいながら寺での生活ができるのであれば、住み慣れた場所で寺を続けることのほうが、彼らにとっては望ましいように感じる。「ここで毎日を楽しく過ごしている」という日常生活から紡ぎ出された坊守の言葉にこそ、寺が消えない理由の一面が見てとれるだろう。経済的な事情は厳しくても、社会関係資本の「心」のつながりを生む充実感を楽しみながら、寺の経営に奔走している姿がうかがい知れるのだ。

しかし、A寺の分析でも指摘したように、教義や宗教的な救いだけが寺の「つながり」の源泉ではない。「お寺に来るのはなぜですか?」と、ある寺院でアンケート調査を実施した。お寺に法話を聴きに来る「法要」の場で調査は実施されたため、「仏教の話を聴けるから」という回答が最も多いと予想された。しかし予想に反して、「教えを聴くために寺に来る」という回答は二位であり、圧倒的に多かった回答は「友人・知人に会えるから」というものだった。くしくも、僧侶と門徒の意識のズレが浮き彫りとなったわけだが、寺が「つながり」の場であることも確認されたと言えよう。しかし、この「つながり」の性質はいかなるものなのだろうか。寺という場を考えた場合に、「心のつながり」に焦点化しがちだが、**寺が消えない究極的な理由は、「心」に関与する関係資本だけではない**という実例についても指摘しておきたい。

過疎化の著しい村で後継者を擁立できず、廃寺となった寺(以下、C寺)の事例である。先ほどのA寺とは対照的に、地域との関係が良好であったC寺は、その後も村人によって管理されてきた。廃寺から約十年、C寺は大きく変貌を遂げた。本堂はつねに開放され、高齢者の社交場となった。境内にはゲートボール場が整備され、周囲には子どものための遊具が設置された。その甲斐あって、お寺はお年寄りから子どもまでが集う憩いの場となった。住民が自由に寺をデザインした結果、住職が不在となり閉じられたはずの寺は、以前にも増して開かれていったのだ。

しかもC寺は単に公民館化、公園化したのではない。本尊を安置し、宗教施設としての役割も果たす。そのあり方が興味深い。住職がいた頃は、特定の宗派形式に則って活動していた。だが、住民主体となった現在の寺はまさに超宗派。「あのお坊さんがいい！」と思ったら、彼らは何宗だろうが法話を依頼する。特定の宗派に占有されない開かれた実態があるからこそ、すべての宗派の檀家がそこに集まれる。

こうしてC寺を通して生まれたオープンな「橋渡し型」の地域住民のネットワークは、寺の外でも、人々の相互扶助関係をもたらしている。住民どうし、日常的な野菜などの作物のやり取りはもちろんのこと、親が外出の間、一時的に別の家庭の子どもを預かるなどのケースも少なくない。さらに、一人暮らしの高齢者をみんなで気にかけ、何か起これぱいつでも駆けつける。「彼ら（隣人たち）のお陰で安心して一人暮らしを続けられる」と話す老婦人の様子からは、地域のネットワークや信頼が、そこに住まう人々の生活基盤を支える不可欠な存在であることがうかがえる。こうした住民の互恵関係は決してC寺だけが生み出したものとは言えない。だが、少なくともこの寺が地域の「もちつもたれつ」「お互いさま」の社会関係資本を創造する役割の一部を担っていることは間違いない。C寺には、そうした人と人のつながりがあるからこそ、寺はケアされ続け、朽ち果てることがない。C寺のケースでは、僧侶にとっては皮肉なことに、住職不在の状況がかえって寺への人々の出入りを活性化させ、高い公共性を実現する契機となっている。住職がいなくても、寺は消えない場合がある。彼らに代わってコミュニティが自由な発想をもって寺を受け継ぐ。前半とは逆説的な言い方になるが、**社会関係資本があるからこそ、寺は**

**消えないのだ。**住職不在でも住民主体で開かれた寺を実現するC寺を前に、私たち僧侶のあり方が根本から問われてくる。

## ❺「生」を支えるお寺

「つながり」は目に見えない。そのため、評価がされにくい。しかし、「つながり」は「資本」と呼んでいいほどに、私たちの生活を支えているという事実がある。心の問題にとどまらず、健康や安全といったリアルな生活を支えるものとなっていると「社会関係資本」は論じている。こうした視点から寺を再評価しようというのが、本章の目的であった。

まずA寺の例では、社会が変化するなかで、旧来の拘束型のつながりが残存しており、強すぎる「つながり」、すなわち個人の自由な領域を侵害するような関係が、「つながり」を壊していった。「結束型」と呼ばれる関係以上の強すぎる力が崩壊をもたらしたと言えるだろう。

次に、寺院調査の結果から見えてくる住職や坊守の声を紹介した。彼らの思いは、外部から想像するような悲壮なものではなかった。「一人でもお寺に来る人がいる限り寺に残る」という文字面には固い決意を感じさせるが、実際には、当地での生活を楽しみながら「生活できるのだから、お寺を続けようか」という感じでお寺を運営されている方が多い。この状況については、社会関係資本の「心」の側面、情緒的な面が寺族のやりがいとなり、寺を存続させていると指摘した。

一方で、僧侶の思いと裏腹に、「つながり」の源泉を、「教義」（教え）に特化させるべきでないとも論じた。教えに純化させて「つながり」を理解すると、アンケート調査の結果などからもわかるように、寺の「つながり」の実態を誤解していることになる。もちろん、寺は仏法を伝える場だから伝道教化すべきだが、お寺をその機能だけで考えると、門を閉じてしまい、人が来にくくなり、結果的に伝道機能も弱らせてしまうだろう。さらに、「つながり」は「心」の側面だけでもない。

寺で生まれたネットワークは、寺という場所も使いながら、人々のリアルな生活を支えてもいる。とくに、調査対象としたような行政機能が弱体化した村落においては、このような人と人との「つながり」はライフラインの一つであり、「開かれた寺」は、その中心的な要素の一つとして機能しうると指摘した。

「つながり」は「心」と「生活」の二つ、つまり「生」の全体を支える。そして、小さな共同体の中にある寺の実態は、「つながり」を支えていると同時に、「つながり」に支えられている。とくに、これから人口流出・人口減少が続くと思われる多くの地方の共同体にある寺では、教え以外が生み出す「つながり」を、どう活かしていくかという発想が大切ではないだろうか。多くの寺は、もともと、地域の人の願いによって建立され、僧侶が入り、今に至っている。地域の側から、寺を考えるという発想が大切にされなければならない。

コラム

# 手作りのお寺

お寺の経営はなかなか厳しい。「坊主丸儲け」という言葉があるが、実際には半分以上が兼業でしかやっていけない。専業の中には年金生活者もいるので、寺の収入で生活できるのは三割程度か。

昨年、調査に行ったお寺は、庫裏と呼ばれるお坊さんの生活スペースがキレイになっていた。「新築されたんですね～。経費はおいくらでしたか」と聞くと、「五〇〇万ほど」との答え。「えっ、たったの?」と思わず聞き直したが、住職は「ユンボは〇〇さん」「木材は△△さん」「水まわりは過疎で店を閉めた水道屋さん」と丁寧に説明してくださった。このように小規模寺院では門徒さんの手作りもあるのだ。

過去の思い出がよみがえった。筆者の寺も、小学六年生の時、門徒さん二人がやってきて、筆者の勉強部屋を作ってくれた。嬉しかったなあ。八月、台風が来た。夜七時頃、雨音が強まると、ゴーッと音を立てて勉強部屋がつぶれた。諸行無常!

ちなみに、勉強部屋を作ってくれたのは、うどん屋さんと八百屋さんのペアだった。（K）

# 八 CHAPTER 8

# 基礎から学ぶ「公共性と宗教」

小林正弥

公共性の基礎と、宗教と公共性の関係について、基礎から学ぶための章。「功利主義」「リバタリアニズム」「リベラリズム」「コミュニタリアニズム」についての基礎知識を踏まえた上で、丸山眞男に基づき、鎌倉仏教と公共性について解説する。

※本章は二〇一三年九月十三日に開催された「六条円卓会議」の公開講座「宗教と公共性」の記録である。

ご紹介にあずかりました小林でございます。

私は、マイケル・サンデル教授の「ハーバード白熱教室」が放映されてから、対話型の講義や講演を頻繁に行っています。今日は、私が、「宗教と公共性」について考えていることを紹介したいと思います。

皆さまの中で、NHKで放映された「ハーバード白熱教室」をご覧になった方、あるいはサンデル教授の本を読んだ方は、どれくらいおられますか？　やはり相当の方が読んでくださっていますね。非常にうれしく思います。実は「ハーバード白熱教室」のもともとの講義名は「正義」です。この「正義」という言葉からもおわかりのように、サンデル教授や私が支持している「コミュニタリアニズム」という考え方には、精神性、宗教性、道徳性を重視する発想があります。

ただ番組の中では、サンデル教授が自分自身の考え方を強く打ち出しておらず、教授自身の考え、すなわち「コミュニタリアニズム」がわかりにくくなっています。そこで、テレビ番組の最後で、私が要点を解説しました。サンデル教授や私も、「白熱教室」では、さまざまな考え方について議論を促進していますが、もちろん、自分自身の考え方はあるわけです。その考え方が「コミュニタリアニズム」であり、それが、今日お話ししたい最初のポイントです。

# ❶政治哲学の三つの主流思想

「ハーバード白熱教室」では、今日の代表的な政治哲学の考え方を意識しながら順番に議論が進んでいきます。[*1] その最初が「功利主義」です。それから、「リバタリアニズム」「リベラリズム」という順序で進んでいきます。今日は政治哲学の講義ではないので、それぞれの思想について詳しく説明する時間はありませんが、これらの思想は現在のヨーロッパ、アメリカで主流となっている政治哲学です。

## ①「功利主義」「リベラリズム」「リバタリアニズム」

たとえば、「**功利主義**」は、十八世紀頃から世界の政治哲学の主流になっており、現在の経済、あるいは経済学の基礎になっている考え方です。個々人の快楽や苦痛を数量化できると考えて、「快楽―（引く）苦痛」の量を全員について合計して、幸福の総量を計算できるとし、その最大化を目指すのです。

これに対して、「リバタリアニズム」や「リベラリズム」という考え方も同じように重要になってきています。これらは、自由や権利を中心に考えます。

「**リバタリアニズム**」というのは、一九八〇年代ぐらいから世界的に政治に大きく影響するよ

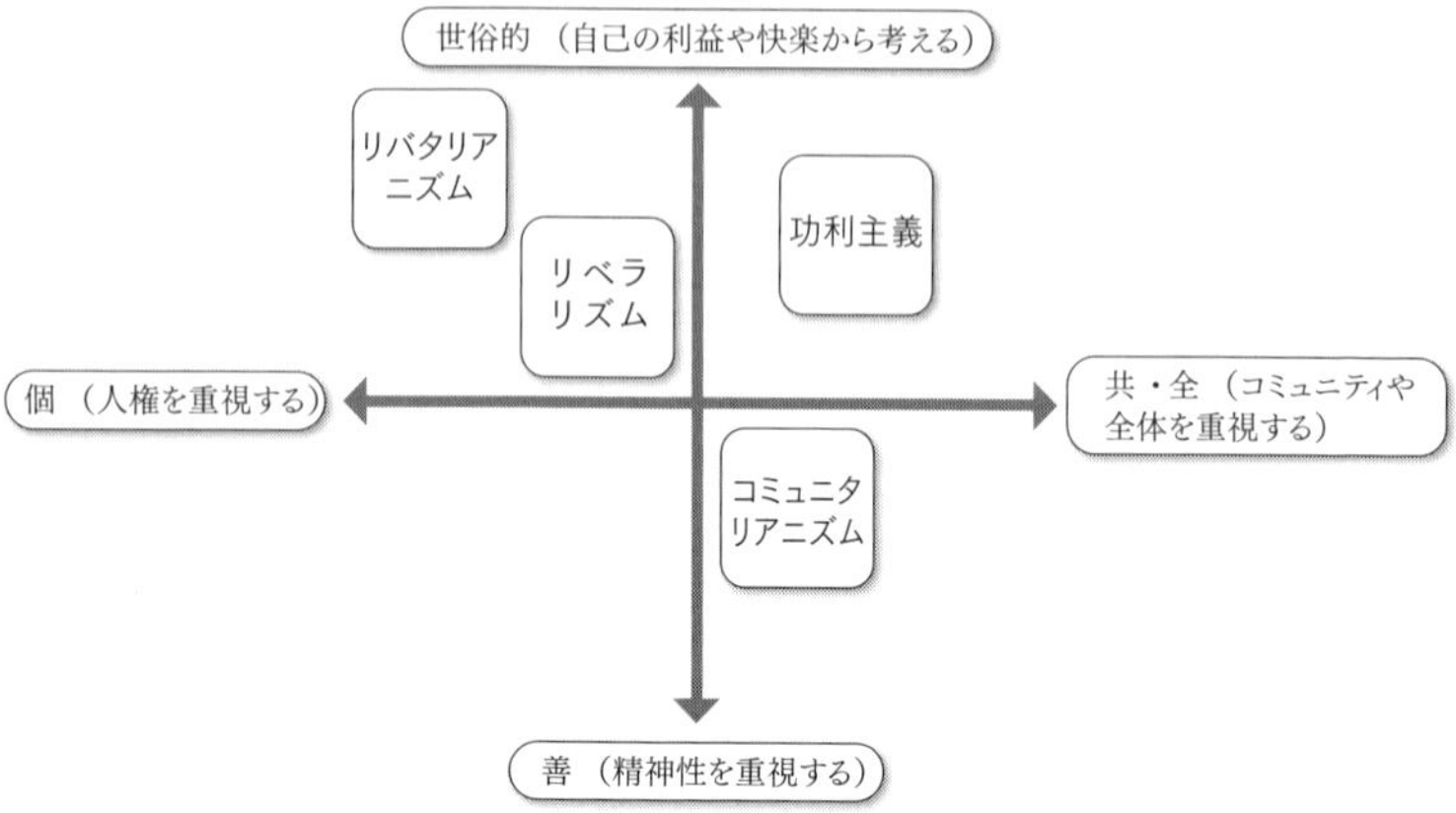


第１図　政治哲学の位置関係（筆者作成）

うになりました。サッチャー政権やレーガン政権、日本でいえば中曽根政権、小泉政権が、規制緩和や民営化を行いました。このように経済的自由や所有権を重視して政府を小さくすることを目指し、減税して経済を活性化しようとする反面、福祉は切り捨てて最小限にしようという考え方のことです。

これに対して、「**リベラリズム**」というのは、「リバタリアニズム」と同じく「自由」や「権利」を重視しますが、経済的自由や所有権だけではなく、「福祉権」や「社会権」も重視し、福祉を充実することを主張します。

以上の説明から、現在の政治・経済の重要な考え方が、これら三つの考え方に表れていることがわかると思います（第１図参照）。

**②近代の主流思想からは宗教が抜け落ちる**

こういった思想は、近代以降に主流となってきた考え方です。これらの近代以降の考え方においては、宗教は重要ではなくなっています。個人の自由とか個人の人権を重要視し、基本的には、世俗的な考え方であると言えます。私的生活で宗教的な生き方をすることは否定されませんが、公共的な問題は非宗教的・非精神的な考え方によって決められるのです。

もう一つの特徴は、こうした近代的な考え方においては、個人が重視される反面で、多数の個人がバラバラになっていく傾向があるということです。

つまり、宗教が公共的な領域から抜け落ち、個人の自由と人権とが重視され、結果として個人がバラバラになっていくのが、近代以降、そして今日の世界の姿だと言えます。

## 二「コミュニタリアニズム」の特徴

これに対して、サンデル教授や私が主張している立場は、「コミュニタリアニズム」と呼ばれています。[*2]「コミュニタリアニズム」という考え方は、ヨーロッパでいえば、ソクラテスとかプラトン・アリストテレスという古代ギリシャの哲学者によって基礎が築かれました。その意味で、近代・現代に始まったものではなく、古典的な思想が源にあると言えます。

### ①「コミュニタリアニズム」は精神性を公共の場でも重視する

ギリシャ哲学から始まる「コミュニタリアニズム」への流れの重要な特徴は、「人間がどう生きるべきか」「善き生」といった問題を重視する点にあります。近代的・現代的な政治哲学は、「人間がどう生きるべきか」を正面から論じませんが、古典的な考え方では「善き生」といった問題を重視します。

もう一つの特徴は、「善」と公共との関係です。「コミュニタリアニズム」は、「何が善いことか」を考え、精神性や倫理性を重視するわけですが、そういったものが、政治とか経済などの公共的な場でも大事なので、これらについてもしっかりと議論していこうと考えます。以上が、第一のポイントです。

## ②「コミュニタリアニズム」は「共に」を重視する

第二のポイントは、「コミュニタリアニズム」が「共通性」「共同性」を大事だと考えているという点です。個人の自由や人権はもちろん大事ですが、**一人ひとりバラバラに生きるのではなく、「共に考えて、共に行動する」というように「共に」が大事だと考えます。**

この二つのポイントを合わせれば、近代思想は世俗的で個人を重視するのに対し、コミュニタリアニズムは「善」と「共」を重視するということになります。だから、共通の善の実現を政治の目的と考えるのです。

このように、今日の政治哲学の主流である三つの思想に対峙しているのが、サンデル教授や私が主張する「コミュニタリアニズム」なのです。このように理解すれば、およそ今日の政治哲学の基本的なイメージはわかると思います。

もちろん、西洋の政治哲学における宗教のイメージは、ユダヤ教やキリスト教です。しかし、「コミュニタリアニズム」は、**各文化におけるさまざまな思想伝統を尊敬します。**ですから、たとえば日本でいえば、仏教とか神道や儒教といった東洋的な宗教や思想を念頭に置いて議論をしていくことになります。

### ③宗教は私的な領域だけでなく公共的な領域を考えるために重要である

宗教と公共性との関係についていえば、近代の主流思想と異なって、コミュニタリアニズムは、「公私二元論」を克服しようとしています。「リバタリアニズム」や「リベラリズム」では、公共的な分野と私的な分野を分ける「公私二元論」をとり、宗教は私的な分野のことであり、公共的な領域には関わらないと考えます。今の世界では、この考え方が非常に強いのです。近代以降の思想では、「信教の自由」を前提としていますから、私的な生活で何を信じるかは個々人の自由です。しかし、それはあくまでも私的な領域のことで、宗教が公共的な政治経済の原理になることには反対します。

他方で、「コミュニタリアニズム」は、宗教的な精神は、個人においても大事だが、**宗教に基づいて「どう生きるか」ということを念頭に置いて議論することは、公共的な領域についても大事な役割を果たす**と考えるのです。

# 三 公共性とは何か？

## ①「公共性」についてみんなで共有し、学際的に考えよう

それでは、そもそも「公共性」とは何なのでしょうか。この点は、学問的に非常に重要なテーマとなっています。私は、ここ十五年ぐらい公共哲学という学問領域を推進してきました。現在、学問の世界では、政治学とか経済学とか哲学とか倫理学とか、それぞれの専門領域が発達している反面、「別の領域のことについては何も言わない、わからない」という人が増えています。

しかし、それでは世界の大きな問題について、学問的な見解を述べることは難しくなります。そこで、私たちは、いろいろな分野の知見を広く視野に入れて、学際的に考えていこう、という知的運動を進めています。**公共哲学は、まず第一に、通常の哲学よりも、わかりやすくてみんなが広く共有できる哲学という意味であり、人々の考え方、行動の原理、あるいは政治的な指針となる考え方という意味をもっています。**

また公共哲学の第二の意味は、何らかの公共性の実現を目指すということです。ですから、何が「公共性」かを考えて、どういう「公共性」をどのように実現するのか、を考えるのです。

**②民の「公共」はお上の「公」とバラバラな個人の「私」とを媒介するもの**

日本では、「公」と「公共」という言葉は同じような意味で使われることが多いのですが、「公」という言葉は大和言葉では「おおやけ（おほやけ）」に相当します。「おおやけ」という言葉は、もともと、首長の家の場所、あるいはそういった人たちのことを意味します。ですから、権力と非常に近い意味をもちます。そのため、今日でも、「公」というと、国家とか官僚とか権力というイメージが強いのです。

ヨーロッパでも、「公共」と訳される public には同じような意味もありますが、「the public」といえば、公衆、つまり人々を意味します。この場合は、国家とか官僚などを意味するのではなくて、まさに人々全体のことを意味するのです。そこで、日本の公共哲学プロジェクトでは、「公」と「公共」とを使い分けて議論していこうと考えました。「公」はお上のイメージが強いのに対し、「公共」では、**人々が共に水平的に考えて、行動することを中心に考えていこうとした**のです。そして、お上を意味する「公」と、一人ひとりバラバラな「私」との間を媒介するのか、民の「公共」だ、というふうに考えたのです。

**③外部を排除するかどうかで「公共性」と「共同性」は異なる**

日本でも、ここ二十年くらい、「公共性とは何か」について、一般のジャーナリズムでもしばしば論じられてきました。また、教育基本法の改正や憲法改正問題でも、公共という概念は非常に重要な意味をもっています。これについても学問的にいろいろな考え方があります。

なかには、「公共性」という言葉は、「共同性」とだいたい同じ意味だと考える人もいます。「共同性」というのは、たとえば、ある小さな共同体の中で、みんながだいたい同じような考え方をもって生きたり、暮らしたりしていることです。その人たちは、共同体の中では仲が良いのですが、外から入ってくる別の考え方をもっている人を排除することがあります。このように「共同性」は、異質な人や考え方といった他者性・異質性を排除する危険があるわけです。

これに対し、「公共性」は、多様で異なった意見の人に対しても、受け容れる、オープンな原理だと考える立場があります。このように、**「公共性」は、外部の他者性や異質性を排除しないという点で「共同性」とは違い**、他者に対して開かれている、と考えるのです。

**④同質的なコミュニタリアニズム内部の公共性も重要である**

「コミュニタリアニズム」という考え方では、コミュニティや「共に」という考え方が、人間がどう生きるのかを考える際に、非常に重要であると考えます。いかに同質的なコミュニティとはいっても、その中にはさまざまな考え方の相違があります。ですから、コミュニティの内部にも、やはり「公共性」が必要です。たとえば、お寺に信者が集う場合を考えてみれば、基本的には仏教という共通の考え方を皆がもっているわけです。でも、その中でも、さまざまな事柄について考え方には違いがあります。

他方で、コミュニティの外部も含めた公共性も重要です。少なくとも、今の世界では、同じ宗教の信者だけではなく、その他の人々との関係も大事だからです。

ですから、私はその両方ともが「公共性」として大事だと考えます。コミュニティの内部と外部、違う言い方をすると、**同質な人たちと異質な人たちとを含めた公共性が重要である**という考え方を、私はもっています。つまり、公共性には、同質性や共通性・共同性や社会性と、異質性や多様性や個人性の双方の側面が存在するのです。そして、共通善とは多様性の中で共通の善を実現しようとするわけですが、実際にはこの実現は永遠に続くプロセスです。

このように、公共性は、その中に共同性を含んでいます。共同性が強い場合と、共同性が弱い場合をそれぞれ「共同的公共性」と「非共同的公共性」と呼んでみましょう。非共同的公共性の場合には、異質な他者を排除せず、他者に対して聞かれています。

## 四 コミュニタリアニズム的公共哲学の三つのポイント

**①第一のポイント――共通の「善」についてお互いの考えを深めるために議論する**

しかし、異質な人たちがいて、考え方が多様になればなるほど、「合意」は難しくなります。その中でどうすれば共通の「善」を実現できるのでしょうか。だからこそ対話や議論が必要なのです。

「ハーバード白熱教室」では、「何が善か」といった精神性や道徳性に関わる問題についてもしっかり議論します。**精神的な問題をもしっかり議論し、それとの関係を考えて公共的な問題も決めていこうというのが基本**です。平和や戦争、福祉といった問題もそうですし、生命倫理もそうです。日本で起こっている大震災、原発といった公共的な問題についても、「何が善か」という観点を踏まえて議論していこうというのが、「コミュニタリアニズム」の中心となるポイントの一つ目です。

**②第二のポイント——「負荷ある自己」どうしが対話する**

それから、二つ目のポイントは、「自己」とはどういうものなのかを考えるということです。今日の主流思想では、人間を非常に抽象的に「個人」として考えます。しかし、**実際の人間は、自分の育った家族、地域社会、あるいは国家、そして国家を超えたコミュニティなどから影響を受けて人格を形成し、その結果、一人ひとりが「善」についての一定の考え方をもっているわけ**です。その意味では、私たち人間は抽象的な存在ではなく、地域的・文化的ないろいろな価値観や世界観などを負っている存在だと理解します。それをマイケル・サンデル教授は、「負荷ある自己」と言います。

「負荷」というと、日本語では悪いイメージになりそうですが、「負っている」というのは、いろんな考え方や責任、任務をもっているということです。**宗教や文化などの影響を受けた道徳的な考え方が自分のアイデンティティを構成している**という人間像を考えるべきだというのが「コミュニタリアニズム」の考え方なのです。

もちろん、人間の考え方は、成人したら固定するのではなく、さまざまな事件やいろいろな思想や人々との巡り会い、出会いによって変化し発展していきます。ですから、この思想では、それらの影響を受けて変化し、ときどきに自らを振り返って、省察して発展していくというように、人間を見るべきではないかと考えます。

そして、自分の考え方を振り返るためには、自分と異なる他者との対話が有益です。ですから、そういった省察を互いに行って成長していくためにも、自他の間の対話を重視しているのです。

**③第三のポイント――国境を越えて考える、過去と未来を考える**

三つ目のポイントは、コミュニタリアニズム一般の特徴ではありませんが、日本の公共哲学プロジェクトで重視されている考え方です。今まで「公共性」というと、日本なら日本という国の内部で考えることが多かったのですが、今の時代は、国境を越えて交流しています。経済でもグローバリゼーションが進んでいます。だから**グローバルな公共性を考えるべき**ではないか。グローバル、ナショナル、ローカルな複層的な公共性を考えるという意味で、「グローカルな公共性」という表現を用いることもあります。まずは、こういう空間的な広がりを考えます。

さらに、今いる世代の「公共性」だけではなく、「**過去**」と「**将来**」**をも考える必要があります**。過去世代から継承して今に至っているものは何なのか。そして次の世代、そしてその先の将来世代に何を継承していくべきなのか。こういった時間的な、世代間の継承、生成発展の関係も、公共性として考えていくべきではないか。たとえば文化財などは、過去世代から継承してきたものです。原子力発電の核廃棄物の問題は、将来世代との「公共性」の問題です。

日本語では時間と空間を合わせて「世界」と表現することもできますが、このように、**時間的にも空間的にも「公共性」の概念を発展させて考えていくべき**ではないかと思うのです。

## ④「善」「美徳」を身につけていくことが大切

「何が善き生か」という生き方の問題が、「コミュニタリアニズム」では重視されると言いましたが、「善き生」「善」を目指すために、人間はやはり「美徳」、「徳」を身につけていく必要があると考えます。ギリシャ以来、ヨーロッパでも美徳についての議論があります。東洋でも、たとえば儒教のように「徳」を中心とした思想があります。仏教にも、「功徳」という言葉があります。それらの意味は時代によって、場所によって、若干の違いや変化があります。しかしおおまかに言えば、「**基本的な美徳は洋の東西を問わず、そして現在に至るまで存在しているのではないか**。そして、そこにはある程度の共通性もあるのではないか。そしてそれを身につけていくことが、人間の生き方として重要ではないか。さらに、それを公共的にも重視していくべきではないか」というように考えます。

## ⑤公共的な美徳

「徳」にも、いろいろなものがあります。たとえば、儒教では「仁・義・礼・智・信」です。

この中の「信頼」については、今でも政治や経済の分野でも大事だと言われていて、「社会（関係）資本」という言葉が使われることもあります。それから、西洋では、政治に「公共的な関心」をもって行動することも、「徳」の一つであるとして、それを公共的美徳（シヴィック・ヴァーチュー）と呼んでいます。コミュニタリアニズムにおいて、とくに政治に関心をもつ思想家たちは、しばしば人々は公共的美徳をもって政治に参加し、自己統治を実現すべきだ、と主張しています。

## 五　宗教と公共哲学

これまで、ごく簡単に、「公共哲学」と「コミュニタリアニズム」についての基本的な考え方をご紹介しました。続いて、宗教との関係について少しお話ししましょう。[*3]

かつて社会科学では、近代以降は、経済や社会が発展するにつれて宗教はどんどん衰えていくものだと言われていました。宗教はやがては消滅してしまうと考えていた研究者たちが、かつては多かったのです。しかし最近、そのような脱宗教化・世俗化のトレンドは変化し、必ずしもそうならないのではないかという議論が宗教社会学者たちなどから起こり、徐々に広がっています。その中には原理主義やカルトのように好ましくない宗教も含まれているのですが、宗教の復興という現象が注目されているのです。

「コミュニタリアン」と呼ばれる思想家たちも、宗教的な考え方に親近感をもっている人が多いのです。「コミュニタリアン」の多くは、西洋であれば、キリスト教やユダヤ教の思想に影響を受けています。ただ、ある一つの思想で公共的な原理を決めることは今日、困難になっていますから、それをより一般的な形で議論するために、宗教で重視されてきた「自己とは何なのか」や「美徳」「善」などについて考えているのです。

**①政教分離は、特定の宗教と政治が結びつくことだけを禁止する**

近代の主流思想や今日の憲法では、「政教分離」と言われるように、政治と宗教の世界は分離しなくてはいけないとされています。

しかし、「政教分離」という考え方は、実のところ、特定の宗教や宗派と、国家・政治が結びついてはいけないということです。なぜならば、**特定の宗教が国家と結びつこうとすると、他の宗教を抑圧し、宗教戦争になる可能性があるからです。**そういう意味で、国家宗教のように一つの宗教が国家・政治と結びつくことは、今日の世界では禁止されているのです。しかし、これは宗教一般が政治と関わることを禁止しているわけではありません。

**②公共世界でも重要な宗教性**

ですから、特定の宗教を超えた宗教性や精神性ならば、政治や経済や社会との関わりをもつことは十分に考えられますし、望ましいと考えられることもあります。そのような宗教性や精神性と公共的問題の関わりを重視すべきというのが「コミュニタリアン」の考え方です。

最近亡くなられたロバート・ベラーという日本の宗教にも非常に詳しい宗教社会学者が、civil religion、つまり「市民宗教」が、アメリカで非常に大きな影響をもってきたと指摘しました。大統領が就任の際に聖書に手を置いて宣誓するように、特定の宗派を超えた宗教的次元はアメリカの政治の根底にあることが認められているのです。

このような考え方を、私たちは「公共宗教」とか「公共的霊性」と言っています。ここには、「同じように日本において、そして世界においても、そういった現象はかつてあったし、今後も、そうあるべきではないか」という問題提起があります。

ただし、宗教性が大事だといっても、先ほど言ったように特定宗教と国家権力が癒着してしまうと危ういことが起こるでしょう。

今も、宗教の違いなどが、アフガニスタンとかイランとかイラクといったイスラム圏と西洋圏との戦争や紛争を加速させる要因になっています。だからそういった**宗教性や精神性、あるいはスピリチュアリティというものが今日の世界ではどうあるべきかということを、グローバルな観点から考えていかなければならない**と私自身は思っています。

**③キリスト教の改革が民主主義・市場経済に影響を与えた**

さらに宗教性と政治との関係を考えてみると、実はヨーロッパにおいては、キリスト教の改革が、民主主義や市場経済・資本主義に非常に大きな影響が与えたということは重要です。なぜかというと、キリスト教の場合は、そもそもイエス・キリストが十字架に磔《はりつけ》になったように、宗教と政治権力とはもともと緊張関係がありました。キリスト教を当時のローマ帝国の政治権力が抑圧しようとしたのだけれども、キリスト教はさらに広まってゆき、政治権力が抑圧しようとしても抑圧できないほど、強大な影響力をもつようになります。そして、最後には国教となったわけです。

同じように、近代においては、プロテスタンティズムが広がって人々の力になり、イギリスのピューリタン革命などで、専制権力に対して**議会を確立させたり、民主主義を形成したりしてきたのです。**

だから政治権力と宗教との関係は、ある意味では今日の民主主義の一番基礎にある重要なテーマです。なぜなら、政治権力が人々を虐げているときに、それに抵抗して声を上げることは生命や財産の危険を伴います。だから、多くの人は黙って服従することになりがちです。これに対して、キリスト者は、自分の財産やさらには生命よりも、信仰や神の意思を守ることを重要だと考えたからこそ、弾圧に耐えて布教をしたり、議会のために専制権力に対して戦ったりしたのです。こうして、超越的世界を根拠とする権力批判や権力の再編が行われ、それが民主主義の基礎になったのです。

### ④日本の宗教改革による自治の伝統

日本の戦後に、丸山眞男という政治学者が活躍しました。彼は日本が第二次世界大戦に突入してしまった精神的原因を指摘しつつ、戦後の日本において民主主義をどう根付かせるかを課題にしました。そして、一人ひとりが主体的に作為することが重要だと言ったのです。その「作為」、つまり行動することの基礎に、文化性とか精神性があることが望ましい、と丸山は主張しました。ヨーロッパにおいては、キリスト教が影響力をもって民主主義が展開しましたが、日本の歴史においては、宗教は残念ながら政治に対してヨーロッパほどの大きな力はもちませんでした。ただ仏教を考えてみると、聖徳太子がその普遍性に目覚めて日本に導入し、そして鎌倉の新仏教、**親鸞や日蓮や道元らが、独創的な思想を提起して、日本における宗教改革を行います。**

丸山眞男は、鎌倉新仏教を日本における内面的信仰や修行の純粋化として高く評価しており、西洋のプロテスタンティズムに対応するような「仏教的宗教改革」とみなしています。西洋の場合は、プロテスタンティズムは、市場経済や民主政治の誕生に大きな役割を果たしましたが、鎌倉新仏教にも同じような可能性を認めたわけです。

だからこそ、そのような新しい宗教と政治権力との間には深刻な軋轢や衝突も生じました。たとえば、当時の政治権力は新しい宗教を弾圧しました。「承元の法難」について親鸞聖人は権力を批判した、と打ち合わせの際に私はうかがって資料も見せていただきました（『教行信証』「後序」）。同じような権力との緊張関係は、キリストの場合にも、また仏陀の場合にも現れています。

ただ、日本の宗教の場合は、キリスト教とは異なって、多くの場合は政治権力に抵抗し続けることはできず、「屈折と妥協」を強いられます。そのなかにあって、浄土真宗は蓮如上人が大規模な布教に成功したので、その宗教的な盛り上がりのなかから、各地で一向一揆が起こります。

それに対する蓮如上人の対応は「宗教と政治」の関係を考える上では非常に大事な問題です。

　そして、加賀では一向一揆が成功して、一世紀以上も門徒による宗教的な自治が行われました。これは、日本では稀な中世における自治の例の一つであり、今から見れば、「自治」の先進的モデルと言うことができます。

　これは今から振り返ってみると**日本における自治の伝統、特に宗教的な自治の伝統として、最も重要**なところでしょう。

### ⑤鎌倉仏教は政治権力に対峙し、政治を考える基礎を提起した

　丸山は、このような歴史を踏まえて、日本でもヨーロッパと同じような歴史的可能性があり、織田信長や豊臣秀吉などの政治権力に弾圧されて挫折しなければ、日本の歴史も変わり、人間に宗教性があることをしっかり自覚した上で、それに基づく政治的な活動を行うという伝統が築かれ、民主主義に至る精神的原動力になっただろうと考えたわけです。

　丸山によれば、**親鸞や日蓮などの鎌倉仏教の重要な宗教家たちは、俗である政治権力の定める規則である「王法」に対して、聖（仏法）そのものの論理に基づいて対峙するという非常にしっかりとした態度をとりました。**彼は、「聖（仏法）の享受と実践、俗（王法）の消極と積極」という二次元によって、王法に対する態度を四つに分類し、親鸞や道元を「断王法」（仏法に実践的、王法に消極的）、日蓮や一向一揆を「向王法」（仏法に実践的、王法に積極的）の典型とし、高く評価しています（第2図参照）。**これらは、宗教性と民主主義との関係を考えるときにも、一番基礎**

俗（王法）

| 聖（仏法） | 消極的 | 積極的 |
|---|---|---|
| 享　受 | 脱王法<br>From | 在王法<br>Inside |
| 実　践 | 断王法<br>Off | 向王法<br>Toward |

親鸞＝断王法　日蓮＝向王法

第２図　仏法・王法への態度（出典は注４参照）

**になる、原点となる姿勢です。**[*4]

そして、丸山眞男は、こういった歴史をも念頭に置きながら、今の時代の民主主義においては、宗教などの文化の観点からする「非政治的市民の政治的関心」が重要であるとします。これは、プロの政治家ではなく、文化的な観点から一般市民が政治的関心をもって行動することであり、彼はそれを「『在家仏教』的政治活動」と言います。「親鸞的」とも呼んでいて、親鸞聖人を念頭にそう言っているのです。

つまり、彼は、そういった鎌倉仏教の宗教者たちの考え方や発想が、健全な民主政治を作る歴史的先例や基礎になっていくと示唆したのです。彼は、「ラディカル（根底的）な精神的貴族主義がラディカルな民主主義と結びつくこと」が大事だという言い方もしました。ここで「精神的貴族主義」と言っているのは、精神的には深みや高みを目指していくことが大事だと考えたからです。[*5]鎌倉の宗教者たちが、民衆の信仰を高め、人々の意識を導いていったことに対応すると言えるでしょう。

# 六 現在の課題

## ①宗教の公共的活動は、外部をもった公共性に役割を果たしうる

「コミュニタリアニズム」は、人間にとって「何が善い生き方か、善き生か」ということが大事で、それが公共的な問題を考える上でも重要ではないかという問題提起をしました。ですから、丸山も言ったように、宗教性が政治や公共的な領域においても重要な役割を果たすべきではないか、と私は考えます。

このように戦後日本の代表的な政治学者の考え方を振り返った上で、最後に「現在の課題」を考えてみたいと思います。今、阪神・淡路大震災以来、ボランティア活動やNPO、NGOなどの活動が注目されています。これまでは国家、つまり公を中心に動いてきた日本の中で、こうした人々の公共的な動きが、新しい社会や世界を作っていくものとして注目されています。そういった動きのなかで、宗教的な精神をもったボランティア活動は、非常に重要ではないかと考えられます。

浄土真宗本願寺派では、「御同朋の社会を目指す運動」という実践運動をしていると聞きまし

たが、これなども、そうした流れにあたると考えられるでしょう。

また浄土真宗の信仰が根付いている地域には、その精神に支えられて公共的な福祉活動などが独自に展開しているところもあります。「政教分離」という言葉によって行政は宗教が表に出ることを避けようとするので、宗教的な精神をもった活動とか福祉活動のことはあまり表だって言われません。しかし、しっかり実態を見ると、現実には宗教的な精神が非常に大きな役割を果たしてきたということが、しばしばあるわけです。

しかも大事なことは、先ほど言ったように、共同体の中だけではなく、鎌倉仏教の宗教者たちが宗教共同体を超えて民衆に大きな影響を与えたように、多様な人々のなかにおいても、宗教的な運動は大きな役割を果たしえたということです。こうした歴史を見ていくと、**「善き生」あるいは「美徳」「宗教性」といったものが、多様な人々のなかにおいて、宗教共同体の外部における開かれた公共性にも大きな役割を果たしうるのではないか**と思うのです。

日本の歴史を考えてみると、浄土真宗のような思想から、そういう運動が発展し、さまざまな社会的・政治的圧力のなかででも、重要な貢献をしていくということができるのではないかと、私自身は期待をしております。

### ②対話し発信する宗教

今、日本には、靖国問題とか生命倫理とか原発問題、平和問題、憲法問題といったさまざまな大きな論点があります。こういった論点において、「善き生」あるいは宗教性といった観点からどのように関わるべきなのか。これについて、宗教的観点からも是非多くの人々と対話し議論していってほしいと思います。さらに、そうした意見を広く公共的にも発信をしてほしいのです。

なぜなら、通常の政治的議論においては、どうしても人々や国家の私欲や自己主張が強く現れてしまい、領土問題などを考えればわかるように紛争を招きやすいからです。それに対して、「しばしばエゴイスティクな世俗的次元を超えた宗教的ないし精神的な高い観点からはどのように考えられるのか」ということを人々が知ることができれば、議論の質が高まっていくでしょう。

ですから、宗教的・精神的観点からの公共的発言や意見表明が活発になっていくことは大事だと思います。この際に重要なのは、政治はしばしば宗教を利用して票田としようとする傾向がありますが、逆に宗教的見解そのものが尊重され、真剣に受け止められて政治的・公共的な政策へと反映されることです。

そのためには、一宗教としての発言だけではなく、超宗派的・超党派的な発言や活動も重要だろうと思います。それによって、日本という国家の将来や、さらには世界の将来に、宗教が重要な役割を果たしうるのではないか、と私自身は思っています。その意味で、ぜひ、皆さまは多くの人々に問いを投げかけて、多くの人と議論してほしい。そのことが、より優れた社会、より善い公共世界を作っていくために重要であるということをあらためて確認し、そのために、さまざまな形で尽力していただければありがたいと思っております。

*1　これらについては、たとえば小林正弥『サンデルの政治哲学――〈正義〉とは何か』（平凡社新書、

二〇一〇年）を御覧下さい。

＊2　詳しくは、菊池理夫・小林正弥編著『コミュニタリアニズムの世界』（勁草書房、二〇一三年）を御覧下さい。宗教との関係については、小林正弥・菊池理夫編著『コミュニタリアニズムのフロンティア』（勁草書房、二〇一二年）、第五章「宗教」（栩木憲一郎）を参照。

＊3　最近の学問的な文献としては、稲垣久和『宗教と公共哲学』（東京大学出版会、二〇〇四年）、島薗進・磯前順一編『宗教と公共空間――見直される宗教の役割』（東京大学出版会、二〇一四年）、エドゥアルド・メンディエッタ、ジョナサン・ヴァンアントワーペン編『公共圏に挑戦する宗教――ポスト世俗化時代における共棲のために――』（岩波書店、二〇一四年）など。

＊4　これについては、『丸山眞男講義録』第四冊（東京大学出版会、一九九八年）、第五章「鎌倉仏教における宗教行動の変革」参照。第2図は、この本の二九一頁の図を簡略化したものである。

＊5　丸山眞男の考え方について、詳しくは小林正弥編『丸山眞男論――主体的作為、ファシズム、市民社会』（東京大学出版会、二〇〇三年）、とくに序章と終章を参照。

# あとがき
# 公共性をめぐる仏教的対話空間

## 円卓会議という対話空間の出現

今の世界では、宗教と深い縁のない人々が増えています。そして、その中の多くが、さまざまな苦しみに直面しています。仏教を知る皆さまは、それに対してどうすることができるでしょうか。このようなときに必要になるのが、対話です。

本書は京都「六条」の地に所在する西本願寺で開催された「六条円卓会議」（浄土真宗本願寺派総合研究所主催）より生まれてきました。この「六条円卓会議」という名称は大変魅力的です。本願寺のある京都の六条という地に新しい対話空間が誕生したことを意味するからです。今日の課題についての瑞々しい議論の場が伝統宗教の内部に出現したことには、驚く人も多いでしょう。

『本願寺白熱教室――お坊さんは社会で何をするのか？』という名の書物によって「公共性」について考えてくださる方が増えるのは、社会的にも意義のあることです。第八章で説明されていますように、宗教性や精神性は私的な世界においても、公共的な世界においても大事だからです。

当日（二〇一三年九月十三日）は、第一部では一般参加者向けの公開講座が行われ、「公共性と宗教」についての説明（本書第八章「基礎から学ぶ「宗教と公共性」」）の後で、一般参加者との間で即興の対話型講義が行われました。実はフロアの方々との対話はもともと予定していたわけではなく突然の展開だったのですが、浄土真宗の信仰に培われた深い発言が多々あり、とても得るところが多いものでした。信仰の角度から、他の場所ではあまり聞かれないような意見を次々と述べてくださったので、私自身も啓発されたのです。

そして、第二部として僧侶の方々の間で行われたのが、本書第0章に収録された「本願寺白熱教室――震災と公共性」です。これが前述の六条円卓会議の本体に当たるものです。宗門の未来を切り拓くために、全国から六条の地に有志が集まり、顔をつき合わせて議論を行いました。仏教に詳しい方々の間の対話ですから、さらに裨益するところが大きかったのは言うまでもありません。

## 物語風ジレンマによる公共的議論

対話型の「白熱教室」では、あるテーマについて誰かが正解を知っているわけではなく、参加するみんなで自由闊達に議論します。これは、国家や政府や公式の権威者が正しい答えを教えるという「公的」な問答ではなく、人々による「公共的」な議論なのです。

ここで論じられたジレンマは、ある架空の僧侶が被災地にボランティアに赴くという物語に即して構成されています。浄土真宗の僧侶には実際に東北大震災などでボランティア活動をされた方々がいるのを伺ったことが、このような物語を思いついたきっかけでした。

第八章で紹介されている政治哲学には精神性を重視するものがあり、そのような観点からは、愛や慈悲などの心が人々の間に広がり、それに基づいて実践活動が広く展開することを理想と考えることができます。そこで、「御同朋の社会をめざす運動」が、より発展することを願って、「ボランティア僧侶」の物語を考え、そこに現れるさまざまな問題について議論したのです。

誰が考えても、被災地の人々を助けるために赴くことは尊い行為です。でも、そこで苦しんでいる多くの人々は信仰をもっているとは限りません。それゆえに、信仰を共にしている「共同体」にはない問題が現れます。それが、「公共性」の問題なのです。

第0章の最後のほうで説明されているように、これらのジレンマは、思想的な観点から作られています。もっとも、私は支援活動が直面する問題について具体的には知らなかったので、これは想像力によって作り上げた問題です。

ところが、この「白熱教室」をしたところ、実際に被災地に赴いてボランティア活動をされている僧侶の方から、実際に直面した問題と非常に深く関連していた、という嬉しい感想をいただきました。もしそうなら、論理的な観点から作った問題が、想像以上に現場の問題を照らし出していたことになります。

## 本書の構成と内容

本書の第一章から第七章までは、『ボランティア僧侶』の著者である藤丸智雄氏が編者として依頼して構成した原稿からなっていますが、これらの論稿はまさに今日の教学や学問の最先端の議論を踏まえて書かれています。しかも、その学問的議論は、宗教学やポストモダン哲学、社会関係資本の議論などのように、きわめて幅広いのです。しかも、この各章が「本願寺白熱教室」の議論に対応するような問いを立て、それに答える形で議論を進めています。

まず、第一章「開かれた浄土真宗」では徳永一道和上が「教えを床の間に飾っておいてよいのか？」という刺激的な問いを発して、浄土真宗を個人の救いや専門用語の世界から公共性や社会へと広く開いていく必要性を指摘されています。和上は教学の代表者と伺っていますが、その方が「個の救い」に力点を置きがちな教学や宗門の現状を冷静に見つめつつ、他者や社会との関係に目を向ける必要性を力説しておられます。「他者に開かれた教え」とは、高い公共性をもつ教えということになりますから、これは「公共的な浄土真宗」に向けての根本的な問題提起に他なりません。

この点は実は六条円卓会議の第一部において即興で行われた白熱教室の最大の論点であり、この論稿は、第一部・第二部全体で論じられたテーマそのものについての教学からの正面からの応答とも感じられます。外部から見ると、伝統的と思われがちな教学の内部から、このような真摯な問題提起がなされるのを見て、このようなところに浄土真宗の歴史を超えた活力の源があるのだろうと感じ入った次第です。

第二章「生と死との公共性」では編者の藤丸智雄氏と川元惠史氏が、「宗教は津波から命を救えるのか？」という問いを取り上げながら、公共性論にとっても、新鮮な生死についての議論を提起しています。この問いは、「本願寺白熱教室」で答えが全員一致した唯一のジレンマであり（ジレンマ6）、そのため逆にそれ以上の議論は展開しませんでした。当日その点は少し心残りだったのですが、この論稿はその先の議論を展開してくれています。今で言う天罰論を過去から東日本大震災後の議論へと辿りつつ、天や神仏といった他者との関係における天罰論が今では力を失っているのに対し、震災の現場における生者や死者との関係においては自己と他者との関係が存在するので、そこに現れる公共性に目を向ける必要性を指摘しているのです。

第三章「原発の是非の倫理的問いと宗教界の声」では、今日の宗教学の代表的研究者として知られる島薗進氏が、「仏教は原発に反対声明を出すべきか?」という社会的にも重要な問いを立て、原発の倫理的問題をめぐる仏教界からの公共的発言を包括的に論じています。全日本仏教会やさまざまな仏教教団の声明、そして、宗教界のリーダーの見解として、浄土真宗本願寺派の大谷光真門主（当時）の個人的発言などを紹介して、このような仏教的な公共的発信により宗教が公共圏に大きな寄与を行う可能性を指摘しています。この問いはまさしく「本願寺白熱教室」のジレンマ10で扱ったものです。宗教界からこのような声明や発言が相次いだことは、宗教と政治的・社会的問題を考える上でエポックメイキングな出来事だと思われます。

第四章では、新進気鋭の若手研究者である川村覚文氏が、「宗教は他者を排除するのか?」という問いを現代思想の観点から論じています。ここでは、公共性についての今日の学問的議論の流れを大きく整理して、第八章で紹介されている考え方に批判的に言及した後で、それとは異なるフランス現代思想の考え方を説明しています。ポストモダン哲学とも言われるこの考え方は、権力や社会の主流派が考え方の違う人々を排除するという問題を鋭く指摘するものなので、宗教が公共性の構築に寄与しようとしても、それは他者を包摂すると見せかけながら、実のところ排除や抑圧を生じさせてしまうのではないか、と問いかけているのです。この論稿により、第八章の議論とは違う視角から「宗教と公共性」についてなされる最先端の哲学的議論を知ることができるでしょう。

第五章の「「葛藤する存在」が作り出す公共性」では、丘山新氏が、仏教、特に親鸞聖人の思想から他者の問題を考えることによって、「欲望から考える公共圏の可能性」という大きな問題提起をしています。「そもそもゴータマ・ブッダの宗教的な目覚めにおいて他者への関心があったのか」という問いから議論を始め、大乗仏教が他者を悟りの要件とすることによって、いわば「公共性的仏教」が誕生したことを指摘しています。そして親鸞聖人の思想に一貫して「衆生」という共に生きる人々への共感があり、阿弥陀如来と出会って自己が開かれる道が示されたからこそ、衆生という他者への想いの火がいっそう燃え上がったという見方を示します。さらに、親鸞聖人の思想から「人間とは欲望により葛藤する存在である」という洞察を引き出し、その「同朋」という視点から、排除することのない「公共性」は、「共通善」からよりもむしろ「悪や煩悩」から始まる、と結論するのです。これは、第八章で紹介されているような今日の西洋思想に対して、さらに深い公共性の議論を親鸞聖人の思想から内在的に引き出すものと言えるでしょう。

また、第六章「ウェブに見る宗教の公共性」では、情報系の大学で研究している本願寺派僧侶の雲居玄道氏に編者の藤丸智雄氏が話を聞くことによって、「浄土真宗はウェブ上に存在しているのか」という問いについて、データを示しながら考察しています。ウェブからの葬儀予約や海外のデータ、さらに本願寺に関するネット検索の状況などを概観して、日本仏教はウェブ社会で発進力が弱く、公共性を失っているという「暗澹たる」結論を下しています。もちろん、このような考察は、それに対する対策を講じることを促して、このような状況を打開する必要性を指摘するものでしょう。「本願寺白熱教室」のジレンマ11でネットの方法も用いて布教に成功するという仮想的な例が挙げられていますが、「ネット社会の僧侶たち」の努力によってこのような可能性が実現することを願いたいと思います。

最後に、第七章「「お寺」と地域の公共性」では、菊川一道氏が「なぜ、寺は潰れないのか?」という問いに対して、地道な寺院の事例調査に基づいて、社会関係資本という学問的な概念を用いながら、「つながり」に注目して目が覚めるような貴重な洞察を提示しています。強いつながりゆえに人間関係の対立が生じて廃寺になる例がある一方で、経済的には厳しくてもお寺の生活を楽しむという心が、兼業によって寺を存続させていたり、教えだけではなく友人・知人に会えるというつながりによって、お寺が存続していたりします。また、住職がいなくなっても、「本願寺白熱教室」のジレンマ4・5・7・8で取り上げられているような超宗派的で社会的な役割をも果たす「開かれた寺」として存続していることもあるというのです。このような「つながり」に目を向けることによって地域の宗教的なコミュニティが維持されることを願ってやみません。

## 学問的意義と実践的意義

第0章の最後に八橋大輔氏も説明されているように、本書の各章は「本願寺白熱教室」

の内容と見事に対応しています。つまり、本書は単にテーマが関連する論文から成り立っているというのではなく、「本願寺白熱教室」で議論がまさに「白熱」したジレンマを中心にして、それをめぐる問いと議論が各論考として展開されていて、全体が緊密に有機的に連関しているのです。

このような著作を作り上げられた編者や執筆者の皆さまに敬服するとともに、公共性の議論一般においても貴重な本の刊行に尽力していただいた法藏館の戸城三千代編集長や編集者の満田みすず氏、今西智久氏、そして表紙に、私と対話する僧侶のイラストを描いてくれた本願寺派総合研究所の異才・西義人氏に心から感謝したいと思います。

仏教界に、「公共性」についてかくも関心をもち、さらにそれに関する知の最先端にまで深い造詣をもっている方々がおられるのは、とても貴重なことです。本書の議論が、学問的意義と同時に、公共的活動をさらに展開するための実践的意義をもつことを願ってやみません。

二〇一五年四月一日

小林　正弥

**小林　正弥**（こばやし　まさや）
別掲

**徳永　一道**（とくなが　いちどう）
1941年大阪府生まれ。本願寺派勧学寮頭、本願寺国際センター英訳浄土真宗聖典翻訳研究員長、京都女子大学名誉教授。真宗学。大阪外国語大学英語学科卒業。龍谷大学大学院博士課程真宗学専攻満期退学。
『英文真宗聖典シリーズ』（共訳、本願寺国際センター）
『親鸞聖人――その生涯と教えに学ぶ』（本願寺出版社、2009年）
『真実信心の仏道』（Alfred Bloom. *Essential Sinran: A Buddhist Path of True Entrusting*の日本語訳監訳、本願寺出版社、2010年）ほか。

**島薗　進**（しまぞの　すすむ）
1948年東京都生まれ。東京大学名誉教授、上智大学神学部特任教授、上智大学グリーフケア研究所所長、モニュメンタニポニカ所長。宗教学。東京大学文学部宗教学宗教史学科卒業。東京大学大学院博士課程宗教学宗教史学専攻単位取得退学。
『宗教・いのち・国家　島薗進対談集』（平凡社、2014年）
『倫理良書を読む　災後に生き方を見直す28冊』（弘文堂、2014年）
『宗教と公共空間―見直される宗教の役割』（磯前順一氏との共編、東京大学出版会、2014年）

**藤丸　智雄**（ふじまる　ともお）
別掲

**八橋　大輔**（やつはし　だいすけ）
1975年岐阜県生まれ。浄土真宗本願寺派総合研究所研究員。真宗学。龍谷大学文学部真宗学科卒業。龍谷大学大学院博士課程真宗学専攻満期退学。
『季刊せいてん』（浄土真宗本願寺派総合研究所編）の編集に携わる。

## 執筆者紹介（五十音順・敬称略）

**丘山　新**（おかやま　はじめ）
1948年東京都生まれ。浄土真宗本願寺派総合研究所所長、東京大学東洋文化研究所元教授。仏教学。京都大学理学部物理学科卒業。東京大学大学院博士課程印度学仏教学専攻満期退学。
『定本 中国仏教史（1-4）』（共訳、柏書房、1992年～1994年）
『アジアの幸福論』（春秋社、2005年）
『菩薩の願い――大乗仏教のめざすもの』（NHKライブラリー、2007年）ほか。

**川村　覚文**（かわむら　さとふみ）
1979年京都府生まれ。東京大学共生のための国際哲学研究センター（UTCP）上廣特任助教。政治・社会哲学、近代日本思想史。早稲田大学政治経済学部政治学科卒業。オーストラリア国立大学Ph.D.取得。
"The National Polity and the Formation of the Modern National Subject in Japan" (*Japan Forum* Vol.26, Issue 1, 2014)
「全体を代表することは可能か？」（『ポスト代表制の政治学――デモクラシーの危機に抗して』ナカニシヤ出版、2015年）ほか。

**川元　惠史**（かわもと　さとし）
1982年大阪府生まれ。龍谷大学研究生。真宗学。東京大学文学部思想文化学科インド哲学仏教学専攻卒業。龍谷大学大学院博士課程真宗学専攻満期退学。
「関東大震災と島地大等」（『眞宗研究』第59号、2015年）

**菊川　一道**（きくかわ　いちどう）
1985年熊本県生まれ。浄土真宗本願寺派総合研究所研究助手。真宗学。龍谷大学国際文化学部国際文化学科卒業。龍谷大学大学院博士課程真宗学専攻満期退学。
「真田増丸の国家観」（『宗教研究』第88巻別冊、2015年）

**雲居　玄道**（くもい　げんどう）
1985年神奈川県生まれ。浄土真宗本願寺派総合研究所研究助手。早稲田大学理工学術院総合研究所嘱託研究員。早稲田大学理工学部経営システム工学科卒業。
「選択型と記述型の学生アンケートの分析」（共同執筆『全国大会講演論文集』一般社団法人情報処理学会、2012年）

## 監修者

**小林　正弥**（こばやし　まさや）

1963年東京都生まれ。東京大学法学部卒業。東京大学法学部助手、千葉大学法経学部助手・助教授、千葉大学教授、ケンブリッジ大学社会政治学部客員研究員およびセルウィン・コレッジ準フェローを経て、現在、千葉大学大学院人文社会科学研究科教授、千葉大学地球環境福祉研究センター長、慶應義塾大学大学院システムデザイン・マネジメント研究科特別招聘教授。日本ポジティブサイコロジー医学会理事。専門は政治哲学、公共哲学、比較政治。マイケル・サンデル教授と交流が深く、ＮＨＫで放映された「ハーバード白熱教室」では解説も務めた。政治的なテーマに加えて、ビジネス哲学や人生哲学についての講義を各地で行っている。主要著書『対話型講義　原発と正義』（光文社新書、2012年）、『サンデルの政治哲学――正義とは何か』（平凡社新書、2013年）、『サンデル教授の対話術』（NHK出版、2011年）、『人生も仕事も変える対話力』（講談社＋α新書、2014年）など多数。監訳・解説書に『ハーバード白熱教室講義録＋東大特別授業』（早川書房、2010年）など。

## 編　者

**藤丸　智雄**（ふじまる　ともお）

1966年岡山県生まれ。東京大学文学部印度哲学科卒業。東京大学大学院博士課程印度学仏教学専攻満期退学。2002年より教学伝道研究センター（現、浄土真宗本願寺派総合研究所）研究助手、研究員を経て、現在、浄土真宗本願寺派総合研究所副所長、岡山理科大学非常勤講師、武蔵野大学非常勤講師。専門は中国仏教。主要著書『「般若経典」を読む』（共著、角川学芸出版、2007年）、『ボランティア僧侶――東日本大震災被災地の声を聞く』（同文館出版、2013年）など。

# 本願寺白熱教室
## ――お坊さんは社会で何をするのか？


二〇一五年六月二〇日　初版第一刷発行

監修者　小林正弥
編　者　藤丸智雄
発行者　西村明高
発行所　株式会社　法藏館
京都市下京区正面通烏丸東入
郵便番号　六〇〇-八一五三
電話　〇七五-三四三-〇〇三〇（編集）
〇七五-三四三-五六五六（営業）

ブックデザイン　鷺草デザイン事務所
印刷　立生株式会社　製本　清水製本所



ISBN 978-4-8318-8177-9 C1014
乱丁・落丁本の場合はお取替え致します